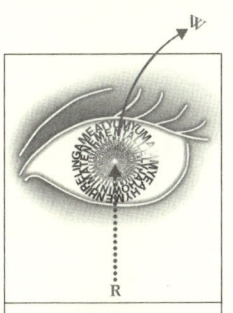

TOEFL[テスト]
TOEIC[テスト]と
日本人の英語力

資格主義から
実力主義へ

鳥飼玖美子

講談社現代新書

目次

序章──日本人の自虐的英語観と奇跡願望 7

永遠の課題／自虐的英語観／完璧主義／奇跡願望／問答無用の存在感／どのくらいの英語力が必要か／英語検定試験の流行／TOEFLには長文読解がない？

第1章──英語試験の誤解と勘違い 21

資格試験は熟年の生きがい？／大学は資格を取る場所？／TOEICの点数で給料も変わる／力試し受験／驚異的な関連本出版点数／関連出版物の分類／TOEFLは資格試験か？／多様な英語試験／認定試験制度廃止の波紋／留学のための検定試験／検定試験御三家／TOEFLは「外国語としての英語テスト」／TOEICは日本国内からの要請ではじまった／4技能を見るIELTS／幅の広い英検

第2章──三大検定試験の中身はこうなっている 45

TOEFL／CBT／TOEIC／英検

第3章──検定試験は何を判定しているか……71

言語テストというもの／検定試験は完全無欠か？／コミュニケーションの能力は測れるか？／「コミュニケーション能力」とは何か／検定試験はなぜ文法力を見るのか？／ネイティブらしさより正確な文法／文法を知るということ／ＴＯＥＦＬスコアと読解力

第4章──日本人のＴＯＥＦＬスコアはなぜ低いのか？……93

日本人のスコアはアジアでも下位／母語と英語の言語的距離／中国人、韓国人の英語は読解、文法が強い／日本人のスコアの推移／アジア諸国との比較／若い世代が低い日本／日本人は大学へ、中国人は大学院へ留学／日本の若年層はなぜスコアが低いのか？

第5章──「資格試験」は万能か？……111

資格試験選択の時代／通訳案内業試験はガイドには必須／通訳技能検定試験には拘束力はない／ＴＯＥＦＬ、ＩＥＬＴＳは留学時に必要／ＴＯＥＩＣよりしゃべるが勝ち／「資格試験」の効果と限界

第6章――本物の実力をめざして……123

文法・読解能力見直しの兆し／TOEFLと文法／TOEICと読解力／速読の勧め／英語を書くということ／中田君のライティング学習法／TOEFLライティング満点術／真のコミュニケーション能力

終章――資格主義から実力主義へ……151

英語だけが言語ではない／英語をモノにする？／外国語学習の意義／自分は何のために英語を学ぶのか

あとがき　160

参考文献　162

序章
日本人の自虐的英語観と奇跡願望

永遠の課題

　日本人と英語という関係は、いったい何にたとえたらよいのだろうか。気になるけれど憎らしい存在。愛憎半ばした相手。仲良くすれば得すると思うのだが、何となく好きになれない存在。憧れはあるのだけれど、一緒にいると落ち着かない、苦手な相手。

　第2次世界大戦後からこのかたずっとということは、数十年にわたり、英語は日本人にとって欠かせない存在であった。英語は誰にとっても常に重要な存在であり、論議の的であり、「英語ブーム」と言われる状況がこれまでに何度もあった。敗戦直後の1945年10月3日に発行された『日米会話手帳』が400万部の大ベストセラーになり、翌年には平川唯一のNHK『英語会話』のラジオ放送が開始されたということは、英語ブームは終戦直後から始まったことになる。

　その後も、1964年の東京オリンピックや70年の大阪万博などもあり、何回もブームはあったし、むしろ戦後はずっと「慢性英語ブーム」で50年以上が過ぎたような感もある。

　英会話学校が乱立し、英語教育をめぐる議論も1970年代の平泉・渡部論争（実用英語を目指した英語教育改革案を「試案」として提案した平泉渉参議院議員と、教養のための英語教育を弁護して反論した渡部昇一上智大学教授との英語教育史上、有名な大論争）をはじめ果てることはなく、しかるに英語に対する日本人の満足感が充足されたためしはな

く、今日にいたっている。

　本間長世は『日本とアメリカ——パートナーシップの50年』第3部「社会と文化に見る日米戦後史」の中で、「日本人と英語という問題が文化論的に見て極めて複雑である」と評している。

　そのような日本人と英語の長年にわたる関係を考える時、特徴的なことがいくつかある。

自虐的英語観

　ひとつは、誰もが英語に関しては一家言あり、それぞれの主張や意見を強く持っていること。どんな職業であろうと、老若男女を問わず、話題に事欠いたら、英語を出すとよい。たちまち座が白熱すること請け合いである。誰もが、苦い過去を背負い、辛い体験を共有し、同じような不満と怒りを覚えている。その共通性には目を見張るばかりだ。世代間格差、ジェンダーの差など、こと英語に関しては存在しないかのようだ。

　さらに驚くのは、英語に関して自信のない人の多さである。

「大学を卒業したら英語を使う機会がなくなって、たまに英語で電話がかかってくると、あせっちゃってダメですね」

　という個人的な感想を述べる人はいくらでもいるし、

「この10年、英会話学校に通っているけど、まだダメです。どうしたらいいんでしょう？」

　と聞かれても困るようなことを相談する人も多い。

さらに、それを一般化して「だから日本人は、英語べた」と断じる人も同じくらい多い。

戦後50年以上たち、文部省(文部科学省)の指導要領もコミュニケーション主眼の英語教育に大転換したというのに、「最近は日本人も英語が達者になりましたね」などという感想を述べる人はまずいない。誰もが判で押したように「日本人の英語、このままじゃ、どうにもなりませんね」「日本人は、どうしてこんなに英語ができないんでしょう、困ったもんだ」「何年やっても英語って、難しいですねえ」と慨嘆する。そう言って、英語が苦手なのを楽しんでいるのではないだろうか、とさえ思えてくる。講演で、日本人のおかす英語の誤りなどを指摘すると、大受けするのが普通で、「失礼な」と怒る人にお目にかかったためしがない。

こと、英語に関する限り、日本人は自虐的である、と言ったら言いすぎであろうか。

完璧主義

さらに言えば、もうひとつの特徴として日本人の完璧主義が挙げられる。できない、できない、とぼやくわりには英語力のある人が結構いて、そのくらいできれば立派なものではないか、と思うのだが、自分の英語に満足している人は滅多にいない。それどころか、英語力のある人に限って自信がない、という傾向がある。

だいぶ以前、大学の教員になりたての頃、学生に自

分の英語力評価をさせたところ、よくできる学生までもが自分の英語力については否定的な評価をしたことから、その後、注意して見ているが、英語力と自信とは反比例する、という仮説を立てたいくらいである。

むろん、よくできる学生は、それだけ熱心で真剣であるから目標も高く、安易に満足しない、ということはあるのだが、一般人でも同様な傾向がある。相当な英語力の持ち主でありながら、「私の英語なんて、全然、ダメ」という悩みをかかえていたりする。これは謙遜、というような生易しいものではなく、信じられないくらい目標が高い、と考えざるをえない。

奇跡願望

つまり日本人の多くは、できる人もできない人も、その実力にかかわらず一様に、自らの英語力を認めない。

ところが摩訶不思議なのは、その対応は二極化している。高い到達目標に向かって努力する人は、英語学習自体が人生最大の目的であるかのようにのめりこみ、ほとんど体育会系のノリか「英語道」とでも言うしかない修業と化し、苦しくても頑張る、という涙ぐましい努力を重ねる。

しかし、これはどちらかというと少数派で、大多数は「できない」と嘆き、「英語ができるようになりたい」と熱っぽく語り、勉強方法などを質問したりするが、その実、具体的な努力はろくにしていない。できるよ

うになりたい、と願望を語っていればいつの日にか奇跡が起きて、あら不思議、突然ぺらぺら喋れるようになってるわ、というのを待っているかのようである。

その心理を見透かしたように『世界一簡単な英語の本』だの『5時間でTOEICテスト730点』だの『英語は教えるな、勉強するな』などというタイトルの英語教材が出版されている。中には『あきらめの英語』などという、もの悲しい書名もある。他力本願というのだろうか、努力が結果に結びつく、という当たり前のことは念頭になく、「海外経験がないから」とできない理由を探し出し、「こんな私だって留学でもすれば英語くらいできるようになるのに」と、内心思っている。

現実には、海外経験は英語学習にプラスにはなるけれど、留学さえすれば問題は解決、というようなものではない。むしろ日本で英語ができなかった人は、海外へ行ったところで上達度もそこそこだから、英語圏に何年もいたというのが信じられないような英語力の持ち主がいくらでもいる。

TOEFLの点数が不足してアメリカの大学に入れないとなると、とにかくアメリカに行けば英語が上達してTOEFLスコアも上がるだろう、と考えて大学付属の語学学校にまず入学し、しかし結局は規定の点数を獲得できないまま、正規入学は果たさず、語学学校もしくは付属のESLコースでうろうろしているだけ、という「留学生」が何と多いことか。海外に行きさえすれば、というのは単なる言い訳にすぎないこと

を肝に銘ずべきである。

それにしても、である。

英語に関して自虐的な意識を持ち、しかし、いつかはできるようになりたいという奇跡願望のある日本人にとって、現代はますます厳しい状況になってきている。

問答無用の存在感

21世紀は、なにしろグローバル世界でありボーダレス社会の世紀である。国境を越えて情報が行き交う現代の国際社会では、英語が事実上の国際共通語として君臨している。したがって、英語はかつてないほどの存在感、いや重圧感をもっている。日本人が英語の重要性を認識して愛憎半ばした気持ちを抱いて対峙(たいじ)してきたのは、いまに始まったことではないが、現在の日本では、英語ができなければ世の中生きていかれない、くらいの勢いで誰もが目の色を変えている。

実際には、英語が決して得意ではない人が国際的に活躍する例は結構ある。

最近では、世界のクローン研究の最先端を行くと言われ、31歳でハワイ大学助教授に就任し、その後、米国各地でクローン胚開発に貢献した若山照彦氏がいる。英語が苦手で、「茨城大学農学部に進学したのは2次試験に英語がなかったから」「6年間米国にいてもやっぱり苦手のまま」とインタビューで語っている(『朝日新聞』「ひと」欄、2002年1月26日)。

つまり、英語が得意でなくても、世界に貢献することは可能であるし、現にそういう人材は存在するのだが、国際人に英語が絶対不可欠条件かどうかを疑うまでの影響はないようである。

筑波大学の津田幸男教授はさかんに英語支配の弊害を訴える論陣をはっているし（津田幸男「グローバル化と英語支配」、『国際開発研究フォーラム』18号、2001年3月）、『週刊金曜日』や『時事英語研究』（研究社）誌上で「英語帝国主義」論争が何回かにわたって掲載されたこともあったが、世の流れはとうとうとして変わらない。

子供のうちから英語を叩き込め、企業人もＴＯＥＩＣくらい受けて頑張れ、英語ができない人は昇進など無理、みたいな恐ろしい流れである。これは本当に恐ろしい流れであって、たまたま英語が苦手な人や外国語学習に向いていない人は気の毒としか言いようがない。

人間なんて千差万別だから、スポーツ万能もいれば、運動神経がどうかなっているとしか思えないようなスポーツ駄目人間だっている。数学が得意な人間もいれば、数学アレルギーもいる。英語嫌いがいたって当然なはずなのに、なぜか英語だけは「嫌いなんて言っている場合か！」ということで許されない。私などは万が一、大嫌いな数学や体育が必須の時代になり「体育くらいできなくて、どうする！」「これからは数学の時代だ！」となったら、たちまち世捨て人になるしかない。今のご時世にたまたま生きている身の幸運を感謝

するのみである。

　なぜ、英語だけがこれほど重要視されるのか？　たかが英語じゃないか！　これは英語帝国主義である！と反発してみても、「されど英語！」ということでいなされる。いまどき、「英語なんて要らないのではないか？」というようなことをあらためて問題提起する人は、よほどの変わり者とされてしまいそうである。

　機械翻訳はかなり進歩していて、翻訳の質はともかく、インターネットに無料の翻訳サイトが出現するまでになった。日本では音声を認識する自動翻訳装置も研究開発が進んでおり、数年後には実用化される。そうなると簡単な会話くらいは機械がその場で音声通訳してくれる。しかし、それでも英語は必要だ、というのが全体的なコンセンサスである。これには理由がある。

どのくらいの英語力が必要か

　簡単な日常会話、英語で言うなら Survival English は当然必要としても、日本がもっとも必要としている英語は、国際交渉が可能なレベルの英語力であり、ビジネスで使う英語力であり、科学研究のための英語力である。つまり、機械ができる範囲をはるかに超えた相当高いレベルの英語力が求められているのが日本の実情である。

　ところが問題は、「どういう英語が今後の日本にとって必要か」という議論が十分なされておらず、国民的

コンセンサスもないため、それほどに高いレベルの英語を必要としている、という認識を一般の人々が共有していないことにある。「対外交渉力」と漠然とした言い方をする人は多いし、「21世紀　日本の構想」懇談会が「英語第二公用語」を提案した背景には、21世紀の日本は軍事力、経済力に代わる「言力政治」（ワード・ポリティクス）の強化をめざすべき、という考えがあったとされる（船橋洋一、田中慎也「対談：英語第二公用語政策のシナリオ」『英語展望』№108特集「日本人に必要な英語力」、ELEC英語教育協議会、2001年）。

しかし、望ましい英語力の姿はなかなか具体的に見えてこないのが現状であるため、2000年12月に答申を出した、英語指導方法等改善の推進に関する文部大臣の私的懇談会では、どのような英語を到達目標にするのかを議論する必要をまずあげたくらいである。「英語は必要」と言うばかりで、何のために、どのような英語が要求されるのかが煮詰まっていないから、見当違いの方向に流れが向かっているような感もある。

IT時代の到来を言うのなら、インターネットで不可欠なのは英会話よりも英語の読み書きである、と主張しようと、「これからは英語をしゃべれなければ」という流れは変わらない。

そして「実用英語」という文脈で「英語第二公用語」という言葉が一人歩きをし、小学校からやらなければ遅い、という声はとうとう現実に全国の公立小学校で英会話導入への道を開くにいたった。そして、「実際に

使える英語ができる」、つまり「英語が話せる」という資格を証明する必要がこれまでにないほど言われてきている。

英語検定試験の流行

確かに、この点は以前と異なった現象である。これまでなら、たとえば留学した、とか帰国子女である、というような事実が、ある程度の英語コミュニケーション能力を示しているように捉えられていたが、昨今は、そんなことではすまない。留学だの海外体験だのは、いわば当たり前のことになり、特殊でもなければ珍しくもない。もっと「形になって表れる客観的な指標」が要求されることになってきた。日本人の資格好き、という面がそれを加速したということもありそうだ（日本人と資格については、第1章でくわしく論じる）。

いずれにしても、ふと気がついたら、書店には英語検定試験の対策本があふれるように並び、奇跡願望の日本人を卒業し、今度はとりつかれたように検定試験を受けまくる人たちが出てきた。その上、驚くほど大勢の人々が「日本人のTOEFLスコア、ひどいものですねえ。世界で最低ですよ。あきれたものです」などと問題にする。

船橋洋一氏は著書『あえて英語公用語論』（文春新書、2000年）の中でTOEFLについても論じている。1998～99年、世界のペーパーTOEFLスコアの順位は、1位がドイツ(617点)、2位ノルウェー(607点)、3位フ

ィリピン(584点)であり、日本は501点でインド(583点)、スリランカ(571点)、中国(562点)、韓国(535点)よりはるかに低いスコアであり、アジア21ヵ国中18位であったことを紹介している。日本人でも30代の平均は530点なので、10代の受験者が多いことが点数を下げている、と指摘した上で、「TOEFLの結果だけを見て、日本人の英語力が劣ると即断するのは危険」と釘をさしつつも、日本が「国際対話力」に欠けることを憂慮している。

こんなことではいけない、というのが社会の通説になり、企業はこぞってTOEICスコアを昇進の基準にするし、地方自治体の公務員採用に英語検定試験スコアを導入するところまで出てきた（群馬県が2001年6月より「英語は世界の共通語として県の仕事でも重要度を増している」として県職員採用試験に英検やTOEFL、TOEICなどの点数を試験の得点に加算）。

TOEFLには長文読解がない？

ところが、おかしなことに、これだけ誰もが「TOEFL」だの「TOEIC」だのと語るわりには、中身を知っている人が少ない。TOEFLというのは何だかよく分からないが、実用英語力を判定してくれるありがたいもの、というのが常識化しているようだ。

審議会で、
「日本の大学入試は改善するべきだ。特に長文読解などはけしからん。あんなものはやめてしまってTOE

FLを導入すべきだ」

と発言した委員がいた。

「大学入試の長文読解は悪くて、ＴＯＥＦＬは良い、というのは、どういう意味ですか？　ＴＯＥＦＬにも長文読解があるのですが」

と質問したところ、どうやらＴＯＥＦＬに長文読解が入っているとは知らなかったようで、答えがなかった。この委員は例外的存在ではない。

博学で知られる立花隆氏にしても、朝日新聞のインタビューで次のように主張している。

大学生の知識や技能の水準が世界標準より低くなった、という発言に続けて「なかでも、英語力がどうしようもなく劣っている」と指摘し、「日本の教育の欠陥を正そうと思えば、一番早いのは大学入試を変えちゃうことです。例えば英語のテストをＴＯＥＦＬ(英語圏に留学するための英語力検定試験)にする。それこそ国際標準です。あのテストは音声が基本ですからね」と断定している(「明日はあるか」2002年1月17日)。

筆者は立花氏の識見には常々尊敬の念を抱いているひとりであるし、最近の大学生の英語力が劣っているという認識は共有するが、北米に留学するための英語力検定試験を「国際標準」と言い切ることが妥当かどうかは判断を異にする。また、ＴＯＥＦＬテストは「音声が基本」という点が事実誤認であることは指摘しておかねばならない。

ＴＯＥＦＬテストについての正しい理解を欠いたま

ま、正確な知識なしに、TOEFLだ、TOEICだ、と騒ぎ、英語教育改革を論じることは、問題の本質を歪曲する恐れがある。

　日本人のTOEFLスコアはいまや社会問題化していると言っても過言ではない。本書では、こんなに日本人を呪縛している英語検定試験というものが、実際はどのようなものであり、どのように英語コミュニケーション能力と結びつけて考えたらよいのか、仔細に、そして冷静に検討してみたい。

第1章
英語試験の誤解と勘違い

資格試験は熟年の生きがい？

　序章で、日本人と英語を概観した際、「日本人の資格好き」ということが英語検定試験の大盛況の一因として寄与している可能性を示唆した。これは客観的な調査にもとづいたものではなく、あくまで私見である。しかし、まるで根拠がないか、と言えば、そうでもない。

　たとえば、英語検定試験がひとつの「生きがい」になっている例として、『朝日新聞』「声」欄に2001年9月8日に掲載された投書がある。文部科学省が各種技能試験の認定全廃を発表（くわしくは後述）したことを受けて、山形県在住の歯科医が投書したものである。

　投書氏は認定廃止が「ショックだった」とし、理由を語る。「2年前、52歳という年齢を顧みず、私は初めての英検受験に向けて燃えていた。覚えてもすぐに忘れてしまう衰えた記憶力。それでも、ひとつの目標に向かって頑張ることは、学生時代とは違った楽しみと緊張感を味わわせてくれた。……自分の子供たちも中学生で次々と受験し始めた。食卓での共通の話題となった。私は、勢いに乗ってTOEICも受験。いずれは妻と漢検も、などと欲張っていた」

　そして、そんな矢先に、「2005年までには認定全廃」とは「寂しい」「それが、政府の行政改革の方針によるものと知って驚く」と感想を述べ、次のように要望を述べている。「ささやかな生きがいにしている熟年の学

習意欲をそぐようなことは、行革の一環としてもやるべきではないと考える。『文科省認定』が合格証から消えるだけかもしれないが、とくに英検は1963年開始以来、受験者は6400万人を突破した国民的検定試験であるだけに、認定廃止の方向は再考して欲しい」

投書氏は歯科医であるから、英検やTOEICが採用や昇進など直接、仕事に寄与することはなさそうである。それなのに受験したのは、つまり、英検受験が「熟年の生きがい」となっているのである。「文科省認定」がはずれたとしても検定試験自体が廃止になるわけではないのは理解しつつも、要するに「寂しい」という反応である。

この投書氏のような気持ちはおそらく多くの人が共有しているのではないかと思われる。後述のように各種技能検定試験のための通信講座を修了した人々の声に「生活に変化をつけ」、という一言があるように、日常生活にメリハリをつけるために「資格試験」を目標とするケースがあることが分かる。これも一種の「生きがい」受験と言えよう。

大学は資格を取る場所？

資格試験に執着、と言って大げさなら、大きな興味を持っているのは、熟年の生きがい派ばかりではない。若い世代は生きがいを超えたところで、強い関心を持っている。それが証拠に、各大学は受験生確保のためにこぞって「資格取得」可能な科目を増やしているし、

進学相談会などでは受験生から「資格は取れますか?」という質問が非常に多い。

こういうこともあった。語学研修の説明会で、アメリカの大学から来た担当者に対して「何か資格が取れますか?」と質問をした学生がいた。アメリカ人担当者は困惑したように、「資格って、たとえばどういうことですか?」と質問をした。学生は「コンピュータでも何でもいいんですけど、科目を取ったら資格が取れるのか、ってことです」と答え、アメリカ人はまだ理解できず「何か目的があって証明書が必要なのですか? 大学で勉強して、資格って、どういうこと?」と聞き返し、話がまったくかみあわなかったことがあった。

最近では、ある名門の私立女子大学が生き残りをかけ、資格試験予備校に委託した資格試験受験講座を正規に開講し、卒業単位として認めるカリキュラム改革を断行。2002年度より、簿記、秘書検定、公務員、税理士試験、情報処理などに対応した演習8科目が開講されることになった (『朝日新聞』2001年8月11日)。

他の私立大学でも、すでに商業簿記講座や不動産鑑定士講座などが単位認定されており、英語検定試験受験講座にいたっては、いまさらニュースにならないほど、正規カリキュラムに導入している大学は多い。英検だけでも、何らかの形で単位認定に活用している大学・短大の数は2001年度現在、191にのぼるという (『毎日新聞』2001年8月31日)。

少し前までは、大学生が専門学校に同時に通って資

格取得をめざす「ダブル・スクール」が話題になっていたが、この頃は大学自体がダブル・スクールの場を提供する流れになってきている。これはとりもなおさず、学生の大学に対する「資格取得」要求が強いことの反映である。

ＴＯＥＩＣの点数で給料も変わる

　資格試験には、教員免許から学芸員から通訳関係、旅行業関係、不動産・住宅関係の資格など多様にある。どのくらい多様かというと、ある日の『毎日新聞』に掲載された全面広告（2001年8月12日）には、資格取得のための厚生労働省指定通信講座として36講座が紹介されている。その中には、「英語翻訳」と並んで「英検準1級、2級、準2級」があり、「ＴＯＥＩＣ」も「短期で150点アップ」との説明つきで並んでいる。

　現状のような不況下では、資格でも取得して備えておかないと就職や転職も難しい、ということで熱心にならざるをえないのであろう。2001年9月3日の『毎日新聞』は、大手企業が希望退職者を募ると応募者が殺到する現象が2001年に入って目立つことを報じている。2001年7月の完全失業率が過去最悪の5％になった就職難の時代に、会社に早々と見切りをつけるビジネスマンが増えているという。希望退職には、経営難の会社から逃げ出すという流れと、自分の能力や技術を生かして転職をめざす流れとの2種類あるが（日本総研・立花敏男氏談）、いずれの場合も、むしろ早い方が有

利、在職中にとった資格を生かすならさらに有利、ということのようである。

厚生労働省指定になると学費の80%が受講生に支給されるという特典があるので、「何か手に職をつけなければ」という切実な人たちが資格をめざすことになる。資格取得のガイドブックでも、新卒の就職で資格が有利なら、転職、再就職に成功するには資格が決め手、とのアドバイスが並ぶ。派遣会社の派遣料金査定で、企業評価の高いTOEICと派遣料金の目安を出しているガイドブックもあり（『英語資格の取り方・活かし方』）、それによるとTOEIC600点台で時給2500円の企業支払い額が、700点以上だと3500円、800点以上だと4000円にはねあがる。

もっとも、資格を取得したからといって、その資格を使って仕事をする人ばかりでもないようで、前述の広告で「資格が取れた」受講生の喜びの声として15名ほどが紹介されている中には、「役立つ知識が身につき喜んでおります」「生活に変化をつけたり、技術向上のために、通信教育は身近で最も有効な手段」などという感想もある。「社会保険労務士」と「宅地建物取引主任者」などという、関連はなさそうな資格を両方取る人もいる。「一応、取っておく」程度のつもりで、さまざまな資格試験にチャレンジする人がいるわけである。

英語の場合は、それが「英語能力を証明する」というお墨付きにもなるわけだし、力試しで受けてみる、という人数はかなりになるであろう。

力試し受験

　ＴＯＥＦＬの受験者数が日本は1997年に15万人を超え、これまでのところ群を抜いて世界一、というのも、そういう事情からきている。北米の大学に留学するため、という本来の目的を持った人だけが受験する国は受験者数が少ない。受験者数が１けた台の国も結構ある。単なる力試しの受験者数が多ければ、少数の受験者が真剣勝負で受ける他国に比べ、平均点が下がるのは当然の話である。日本の未来は真っ暗だ、というような勢いで嘆くほどのことではない（ＴＯＥＦＬスコアについては、第４章「日本人のＴＯＥＦＬスコアはなぜ低いのか？」で、あらためて詳述する）。

驚異的な関連本出版点数

　力試しや万が一に備えて英語検定試験を受ける人が多いのではないか、と推察できるいまひとつの根拠は、出版物の多さである。もちろんいまや、企業人にとって英語は生存をかけたものになりつつある状況も否めないので、『働くための英語』などといった、ビジネスマン対象の英語本も増えており、英語の必要性を自覚する層が従来にも増して幅広くなったとも言える。

　だが、それにしても圧倒されるほどの出版物である。英語関連全体としての出版点数、発行部数、読者層などのデータを調べたら興味深い結果になるだろうが、検定試験だけに限ってみても、驚異的である。

ためしに某出版社の教材案内を見てみよう。「TOEIC・TOEFL・英検他資格試験シリーズ・関連書籍」として特別にチラシを作成して配布している。それを見ると、TOEICテスト関連は『TOEICテストのための基本リーディング演習』『TOEICテスト完全模試—600点突破』『TOEIC730点突破』など14点、TOEFLは『500点突破TOEFL完全模試』など3点、英検は『英検2級ニュー・ステップ』から『7日間完成英検準1級』『英検準2級合格マニュアル』など各級別に17点。その他『5分間英語検定』など、各種英語検定試験対策が2点。商業英語検定試験用が2点、工業英語検定試験用2点、通訳技能検定試験用1点、関連書籍を含めると合計45点が紹介されている。

　出版関係者や英語関係者の間では「検定試験関係を出版すれば、確実に売れる」というのが定説になっている。ちなみに筆者の自宅や研究室にも寄贈された英語検定試験関連書籍が、数十冊はある。書店に行けば、いったいどれを買ってよいのか分からないほどのTOEFL、TOEIC本が棚に並んでいる。近所にある中規模の書店に行き「語学関係」図書が並んでいる棚を見たところ、ざっと数えただけでTOEIC問題集・対策本がおよそ300冊、疲れて数えるのはやめたが、次に多いのが英検、あとはTOEFL本が1けた台、国連英検が数冊といったところが並んでいた。繁華街にある大規模店に行けば、冊数を勘定するなどという気も起こらないほど多くの各種問題集、対策本があふれ

ている。

　ＴＯＥＦＬスコアを書名に出したものは『トーフルで650点』（日野信行著、南雲堂、1987年）という体験記が、その走りだったように思うが、最近はＴＯＥＦＬ、ＴＯＥＩＣどちらもスコア別に問題集や対策本が数多く出版されている。

関連出版物の分類

　英語資格試験にかかわる出版物は、いくつかの種類に分類できる。まず、『英語資格取得完全対策』『英語の資格・検定がすべてわかる本』『英語資格の取り方・活かし方』『英語の資格をとるマガジンＢＯＯＫ2001』など、「資格試験」全般を解説したもの。次に、問題集。これも、実際に出題され公式に発表された過去問題を集めたものと、模擬試験を使っているものとがある。英検問題集の場合は、級別に分かれているし、ＴＯＥＦＬ、ＴＯＥＩＣなどもスコア・レベル別に分かれている場合がある。

　最近の傾向として挙げられるのは、企業がＴＯＥＩＣを重視し始めた流れを敏感に反映してか、ずばりＴＯＥＩＣに焦点を絞ったものが増えていることである。『ＴＯＥＩＣ公式ガイド＆問題集』『ＴＯＥＩＣ超必勝法』『5時間でＴＯＥＩＣテスト730点』『ＴＯＥＩＣ Test 鉄人伝説：国内の勉強だけで990点を獲得する』『ＴＯＥＩＣ直前総合対策』『ＴＯＥＩＣテスト英単語徹底トレーニング』『ＴＯＥＩＣ　ＴＥＳＴリーディン

グ攻略法』『ＴＯＥＩＣテスト解法のコツ35』など、枚挙にいとまがない。もちろん『ＴＯＥＦＬテスト公式問題で学ぶ英文法』『必修ボキャブラリーＴＯＥＦＬ　ＴＥＳＴ』など、ＴＯＥＦＬ関連も多数出版されている。『あえて英語公用語論』のように文中で検定試験を論じたり、「使える英語はリスニングから始まる」という宣伝文句の中で「ＴＯＥＩＣ200点アップ」など、体験者の声を引用して効用をうたっている英語学習教材まで含めると、おびただしい数の出版物である。

　この大量の数になる出版物を概観して気がつくのは、ＴＯＥＦＬやＴＯＥＩＣを含め、さまざまな英語関係の試験が「資格試験」と総称されている点である。

ＴＯＥＦＬは資格試験か？

　厳密には、ＴＯＥＦＬやＴＯＥＩＣは「資格試験」というより、むしろ英語の「標準試験」である。英語では standardized test と呼ばれる。一定の基準にしたがった試験を各地で同時に実施し、その結果を数値で表すからである。日本語に訳せば「標準試験」ということになろうが、そんな呼び方をしている本はほとんどない。おおかたが「資格試験」もしくは「検定試験」である。

　能力を検定する、という意味では検定であろうし、結果として出た点数を基準に大学への入学判定がなされる、という意味では「資格試験」と言えないこともないが、ＴＯＥＦＬのスコア基準は入学の条件のひと

つにすぎず、基準を満たしたからといって合格が保証されるものではない。また入学許可の基準となる点数も大学によって異なる。学部への入学基準は550点が多いが、580点を基準にする大学も少なくないし、大学院で英語教授法を専攻するとなったら、600点は必要である。有効期限は通常２年間であり、何年も前に取得したスコアなどは使えない。そういう意味では「資格試験」と呼ぶことは正確ではない。ぎりぎり「検定試験」が妥当な線であろう。

多様な英語試験

さて、それではＴＯＥＦＬ、ＴＯＥＩＣとはいったい、どういう検定試験なのか、もう少しくわしく見てみよう。

英語関係の資格試験、検定試験はじつはＴＯＥＦＬ、ＴＯＥＩＣだけではなく、多様にある。総合的な英語力判定としては、ＴＯＥＦＬ、ＴＯＥＩＣ、英検のほかにＩＥＬＴＳや国連英検（国連公用語英語検定）があるし、国際英検Ｇ-ＴＥＬＰ、ピットマン英語検定、オックスフォード大学英語検定、ケンブリッジ大学英語検定、ベルリッツ英語検定、トリニティ・カレッジ試験、ＳＩＴＥ（口頭コミュニケーション検定）、ＩＣＥＥ（コミュニケーション能力検定）等々がある。

もう少し専門的な英語力判定としては、唯一の国家試験として国土交通省の通訳案内業試験（ガイド試験）がある。その他、民間資格として、商業英語検定（日本商

工会議所)、全商英語検定試験(全国商業高等学校協会)、ＴＥＰ-Test（ミシガン大学・早稲田大学科学工業英語能力判定試験)、オフィス・コミュニケーション英語検定（専修学校教育振興会)、日本通訳協会の通訳技能検定試験、ボランティア通訳検定試験、日本翻訳連盟によるＪＴＦ(ほんやく検定)などがあり、観光英語検定(専修学校教育振興会)や英文会計検定(英文会計検定協会)、英語ビジネス文書作成技能検定(日本商工会議所)、旅行業英語検定(ＪＴＢ)、英文ワープロ実務検定、秘書英語検定などというものもある。

認定試験制度廃止の波紋

　国家試験と民間試験の中間をいくものとして、各省庁が認定する技能検定が約170ある。

　英語関係だけでも、英検（文科省）を始め工業英語能力検定（文科省）、翻訳技能審査（厚生労働省）、英語ビジネス通訳者認定試験(経済産業省、日本商工会議所)などがあったが、政府の行政改革方針にそい各省庁で認定廃止の検討が進められている。2001年8月には文部科学省が認定制度全廃を決め、2005年度末までに順次廃止することを発表した。『毎日新聞』(2001年8月31日)によれば、廃止の対象となる21種の技能検定の中には、受験者数が年間330万～350万人と文科省認定技能試験全体の6割を占める英検(実用英語技能検定)も含まれている。英検自体が廃止になったわけではないのだが、文部科学省の発表による影響は大きく、英検本部には問

い合わせが相次ぎ、発表後に実施された夏期の試験での受験者数は前年夏に比べ5万人減り、115万人にとどまった。秋期に実施された試験では、前年に比べ10％減の108万人であった（『ヘラルド朝日』2001年11月16日）。

留学のための検定試験

留学のための英語検定試験としては、最大手がTOEFLであるが、これは主として米国・カナダへの留学に際し必要となる。

英国・オーストラリアの場合は、ブリティッシュ・カウンシル主催のIELTSを条件にするし、ケンブリッジ英検（CPE、CAE）が認められることもある。さらに米国留学の場合は、共通学力テストであるSATが留学希望者にも課せられる場合がある。短大の場合はACTという学力テストであり、大学院になるとGREというアメリカ人学生を対象にした学力判定テストが条件となる。同じ大学院でも、法学系はLSAT、医学系はMCAT、ビジネススクールの場合はGMATなどの進学適性判定試験がある。

検定試験御三家

以上、これでもすべてを網羅したとはいえないくらい、世に検定試験なるものが多く存在しているわけだが、何と言っても知名度が高く受験者が多いのは、TOEFL、TOEIC、英検の御三家である。英検は文部科学省認定廃止が発表になるまでは、年間約350万

比較表

通訳技能検定 ボランティア通訳検定	実用英語技能検定	TOEIC	TOEFL	CBT※
1級合格	1級合格	Aレベル 990～860	677～650	300～280
			649～630	279～267
準1級合格			629～610	266～253
			609～600	252～250
2級合格		Bレベル 859～730	599～580	249～237
			579～560	236～220
	準1級合格		559～540	219～207
A級合格		Cレベル 729～470	539～520	206～190
			519～500	189～173
	2級合格		499～480	172～157
			479～460	156～140
B級合格			459～440	139～123
	準2級合格	Dレベル 469～220	439～420	122～110
			419～400	109～97
			399～380	96～83

※CBT：TOEFLのコンピューターテストでComputerBasedTestの略

作成：日本通訳協会

人が受験すると言われ、ＴＯＥＩＣも年々受験者数が増加し、1999年は87万人だった受験者が2000年には年間110万人となった（『ヘラルド朝日』2001年11月16日）。

　ＴＯＥＦＬ受験者数は世界各国あわせて毎年約80万人であり、このうち12万人が日本人受験者であるとされる。

　この３種類の検定試験の基準比較目安というものまで出回っているので、参考までに左ページに挙げておく。

　ここでは、総合的な英語力判定という観点から、ＴＯＥＦＬ、ＴＯＥＩＣ、英検の御三家に加え、日本であまり知られていないＩＥＬＴＳについても簡単に紹介することにする。

ＴＯＥＦＬは「外国語としての英語テスト」

　日本語で俗に「トーフル」（中には「トイフル」「トッフル」と発音する人もいる）と呼ばれているが、ＴＯＥＦＬは、Test of English as a Foreign Language の略である。何のことはない、「外国語としての英語テスト」である。「外国語として」というところが肝心なところで、英語を母語としている人間は対象ではない。これはつまり、母語としてではなく、外国語として英語を学んだ人が、どの程度の英語力があるのかを判定するためのものであり、合否の判定ではなく、総合点を偏差値で出すものである。

　その目的は「北米の大学、大学院に入学して、英語

での授業についていかれるかどうか」を大学側が見極めて判断するためのものである。いくら優秀な学生であっても、授業に出席して英語がチンプンカンプンでは大学も困ってしまうから、「講義を聞いて理解できるか？」(リスニング)、「教科書や参考書を読んで理解できるか？」(リーディング)、「課題レポートを自力で書けるか？」(ライティング)などの点数を測ろうというわけである。

　TOEFLの試験を受けた人なら知っているだろうが、あの試験はリスニングだけの試験ではないし、スピーキング力などは、オプションで希望すれば受験可能だが、通常は試験されない。

　全体は3部構成になっていて、第1部がリスニング。第2部は文法・構文である。大学生ともなれば、相当の内容のものを読んだり書いたりするわけであるから、英語の基礎がきちんとしているかどうかも重要であり、文法・構文の項目でしっかりチェックするわけである。

　北米の大学は、ともかく大量に読ませて勉強させるから、リーディングは最重要技能と言ってよい。したがって、TOEFLの第3部は、長文読解である。分量は350語から400語程度のパッセージがペーパーTOEFLでは5種類、コンピュータTOEFL（CBT）では3〜6種類、出題される。日本で批判の的となっている大学入試の長文読解と量はほぼ同じか多め、難易度は高めである。くわしくは第2章で日本の大学入試に出題された英語長文と並べて掲載してあるので、

参考にしていただきたい。

　日本人のトーフル・スコアが低いことを憂慮する人々は、「だから会話を」とか「リスニングを」とおしなべて主張するが、3分野別に見てみると、日本人は意外にリーディング・セクションが弱い。

　これは、辞書を引き引き読む従来型の英文解釈式読み方がわざわいしているからではないかと推察される。新しいタイプの英語教育で強調しているトップ・ダウン式読解で速読に慣れていけば解決することである。この点については第4章で詳述する。

　付け加えれば、今後、日本人にとって最難関となるのは、おそらく英文を書くこと、ライティングであろう。これまでは、TWE (Test of Written English) はオプションであり、受験者全員がライティングを受けていないので、話題になってはいないが、たとえばオーストラリアの各大学ではTOEFLだけでなく、TWEスコアも要求しているところが多い。

　TOEFL600点というスコアがありながら、TWEのスコアが基準の5.0に満たず、入学を許可されなかった日本人学生もいる。書く力が不十分では、大学の授業についていくことは困難だ、というのが大学側の判断であった。このライティングについても、第3章および第6章で詳述するが、日本の学校で従来指導してきたような、いわゆる「英作文」では歯が立たない。要は、英語でのレポートが書けるのか？　という視点から英語的論理にもとづくパラグラフ構成でまとまっ

た内容を記述するのであるから、短時間での習得は難しい。

　TOEFLがコンピュータ・テストを開始してからは、ライティングが必修としてテストに組み込まれていることから、書く力を養成しない限り、日本人のスコアが上がることは望めないことになる。聞いたり話したりさえすればTOEFLのスコアは上がる、などと思い込んでいるのはとんだ勘違いである。

　TOEFLを実施しているのは、ETS(Educational Testing Service) という1947年設立の米国にある公共教育機関で、ここは世界最大のテスト作成機関である。3000名のスタッフを擁し、TOEFLだけでなく、SAT(全米大学入学共通試験)、GRE(大学院入学共通試験)、GMAT(経営大学院入学共通試験)、LSAT(法科大学院入学共通試験) など主要な公式試験作成を行っている。

TOEICは日本国内からの要請ではじまった

　日本語で「トーイック」と呼ばれるが、TOEICは Test of English for International Communication の略で、「国際コミュニケーションのための英語能力テスト」である。TOEFLを作成しているETSが委託されて作成しており、ビジネスコミュニケーションを主眼とする標準試験である。もともとは日本の財団法人・国際ビジネスコミュニケーション協会が始めたものであるのが、TOEFLと異なる点である。

　ビジネスに使える英語力を判定したい、という日本

国内からの要請に応えて始まったものであり、日本の各企業が採用の際に参考にしている。したがって、出題される英文もＴＯＥＦＬとは内容が異なり、日常のビジネス現場を意識したものになっている。

　後で説明する英検は、１級合格者は極めて少数であり、次の準１級では実力の幅が相当にあって判断しにくいことから、個人のスコアが数値で明確に出てくるＴＯＥＩＣが徐々に認知度を増している。

　ＴＯＥＦＬと同じように受験者が同じ試験を受ける標準試験であり、スコアに応じてＡからＥまでの５段階に振り分けられる。

　創始者の北岡靖男氏が生前、筆者に語ったところでは、バブル経済の頃は、企業は採用にあたって、ともかく人柄が優先、英語力は後から企業の責任で特訓する、という風潮であったのが、バブル崩壊後は一変したとのことである。仕事に使うとなると700点は必要なのだが、英語ができない人間を採用して特訓し700点まで上げるのには莫大な時間と費用がかかることが分かり、そんなことに経費を使っていられないと、どの企業も、最初から700点程度の実力を持っている人材を採用するようになったという。この話を聞いたのは数年以上前のことであったが、現在では、この傾向が新入社員どころか、現社員にまでおよんでおり、海外派遣のみならず、昇進にまでＴＯＥＩＣが使われてきているのが実情のようである。ただし言うまでもなくＴＯＥＩＣは単に英語力判定のテストであり、仕事の能力

までを測るわけではないし、いわんや人間性や意欲などを反映するものではないから、昇進の基準として使用するのが妥当かどうかは、別問題である。

4技能を見るIELTS

英語での正式名を International English Language Testing Service というこの標準テストは、英国、オーストラリア、ニュージーランドの大学が入学判定基準として使うものである。4種類のテストの平均スコアを10段階で表示するものであり、大学によっては学部レベルで6.5が基準、ライティング部分も6.0を下回らないこと、などの条件をつけているところもある。

TOEFLも同様に認める大学が多いが、2001年8月現在のオーストラリアでは、激増するアジアからの留学生対策の一環として政府が「留学ビザ発行にはIELTSが条件」という方針を打ち出した。この背景には、留学生招致に各大学が熱心になるあまり、留学生を格段に優遇する現状では、肝心のオーストラリア人学生の不利益になる、という政治的判断がはたらいているのではないか、と推測されている。これが本格的に実施されると日本からの留学生が激減する可能性がある、と憂慮する大学が多いため、現実にそのような影響が出てきた暁には政府もIELTS重視の方針を再考せざるをえないであろう、との見方もある。

もっとも客観的に見ると、試験対策が行きわたっているTOEFLより、4技能をじっくり判定するIE

LTSの方が英語の実力を見るのには適している、と考える英語関係者もいる。

IELTSは、2時間45分かけて英語の4技能、スピーキング、リスニング、リーディング、ライティングの力を見る。リーディングとライティングは、一般向けgeneral training moduleとアカデミック用academic moduleと2種類に分かれている。大きな違いは、たとえばリーディングの場合、「アカデミック・モジュール」では出題文が単行本や新聞、雑誌からとられ、論理思考を問うパッセージが含まれるのに対し、「ジェネラル・トレーニング・モジュール」では、広告や、ビラ、時刻表、パンフレット、新聞などからの文章が出題され、社会生活上必要な一般的な内容が主となる点である。試験時間や、設問数、設問形式などに違いはない。

ライティングの場合、「アカデミック・モジュール」ではグラフやチャートを解釈して説明する課題が出されるのに対し、「ジェネラル・トレーニング・モジュール」では助力をこう手紙を書く課題が含まれる。共通して与えられる課題は「意見を陳述したり、問題解決を提案する文章を書く」ことである。難易度は、アカデミックが高く、ジェネラルは低い。試験時間、語数などは同じである。

IELTSはブリティッシュ・カウンシルが主催し、日本での試験会場が、東京、名古屋、大阪、福岡と4ヵ所しかないこともあり、ほとんど知られていないと

言ってよいくらい知名度がないが、英国、オーストラリア、ニュージーランドへの留学希望者にとっては無視できない試験である。

幅の広い英検

「英検」として知られる実用英語技能検定試験は、日本英語検定協会により1963年から実施されており、これまでの受験者を累計すると98年までで5400万人と驚異的数字になる。年間受験者の年齢層も下は3歳から上は87歳と、これまた驚異的に幅が広い。

1963年の創設時は、1・2・3級しかなかったが、66年に4級、87年に準1級、5級が新設された。68年からは文部省の認定を受け(前述の通り、2001年8月、文部科学省は各種技能試験認定の全廃を発表した)、70年には年3回実施になった。97年には内容をコミュニケーション重視の検定に改革している。

現在は1級、準1級、2級、準2級、3級、4級、5級まで7段階ある。TOEFLと違い、各級別の試験を受けて一定の成績なら合格となる。

試験内容は前記のTOEFL、TOEIC、IELTSとはかなり異なる。この3つがすべて英語による試験であるのに比べ、英検は日本人にとって違和感のない出題形式である。また、スピーキング力判定のための個別面接が3級以上に組み込まれ、1級になると即席スピーチが課題として入ってくる。

1年に何回も挑戦でき、日本全国で実施されている

から受験しやすいというメリットがある。しかし、あくまで日本国内の検定試験であるから、世界で通用するというわけにはいかない。いくら「英検1級です」と言っても、感心されるのは日本国内だけであり、それだけでは海外の大学に入学したり国際企業に採用になったりということはない。むろん、自分の実力がどの程度のレベルかという目安にはなるし、英検を認定する大学も多数出てきており、1998年現在で72大学が英検を単位認定し、99年度入試で英検有資格者の優遇措置をとった大学は推薦入試で214校、一般入試で35校にのぼった。

　以上、TOEIC、TOEFL、IELTS、英検と4種類の「英語検定試験」の概略を紹介した。それぞれに試験の目的や性格、内容が異なることがお分かりいただけたと思う。試験マニア、資格オタクは別として、むやみにあれもこれも受けて一喜一憂することはない。自分にとって必要な試験を選んで受験すればよいわけである。
　その際の参考になるよう、次章では主要な検定試験であり世間の関心も深いTOEFL、TOEIC、英検の出題内容を紹介する。

第2章
三大検定試験の中身はこうなっている

TOEFL

コンピュータを使ってのTOEFL試験、CBT (Computer-Based Testing) が始まってから (1998年に一部地域で導入。日本では2000年より)、試験内容が若干変わっているが、日本でTOEFLスコアを云々する場合は、まだ従来型のペーパーTOEFL (paper-based test) のスコアを使うことが多いので、まずはペーパー・テストによるTOEFL試験の中身を解説し、次にコンピュータ・テストについて紹介する。

伝統的なペーパー・テストによるTOEFLは、3セクションからなり、設問数は合計140問。試験時間は合計115分。解答はマークシートでの4肢択一式である。

最初がリスニング・セクション(Listening Comprehension)で、所用時間35分間。会話を聴いてから設問に答えるもの30問、長い会話を聴き設問に答えるもの8問、スピーチや講義などを聴いてから内容に関する設問に解答するもの12問と、3部に分かれている。

第2部が構文と文章表現能力 (Structure and Written Expressions)。英文の空所補充問題や、文中の誤り発見問題など、文法や語法中心の25問を25分で解答する。

第3部が読解能力 (Reading Comprehension)で、350語から400語程度の長文5種類を読んで内容および語彙について答えるもの。50問を55分で解答する。テーマは社会科学や自然科学および一般的な分野からとられ、文学作品などは出題されない。大学の講義の入門とい

ったものが多く、特に専門知識が要求されるわけではない。

スコアは素点ではなく、偏差値で出される。最高は677点、最低が310点であるから、何も考えずにマークシートを塗るだけでも400点くらいは取れることがある。問題は、平均点が500点になるように作成される。

ＴＯＥＦＬ試験は、原則としてリーディング、リスニングという受容能力を測定することにより、話す、書くという能動的な英語力も判定できるように作成されているが、オプションでスピーキング力測定試験、ライティング力測定試験を受験できるようになっている。

スピーキングについての試験はＴＳＥ (Test of Spoken English) という試験がオプションで実施されるが、受験者はかなり限られている。希望者は事前に、実施日や受験地を確認する必要がある。20分間の試験時間にテープから流れる質問に答え、それを録音したテープが米国の本部に送られ評価を受ける。評価は発音、文法、流暢(りゅうちょう)さなどを中心になされる。

ライティングについても従来のペーパーＴＯＥＦＬではオプションであり、ＴＷＥ (Test of Written English) が年５回、本試験の前に実施される。試験時間は30分。英語での作文能力をパラグラフ構成、表現力、文法力、語彙力などの面から判定する。採点は0.5単位で、1.0から6.0のスコアがつけられる。最高スコアは6.0であるが、ここまでのスコアを獲得する受験者は全体の１

％ほどであり、極めて少数と言える。通常の大学では4.5以上を要求するが、法学部などでは5.0を要求する大学もある。

　ＴＯＥＦＬそのものの試験は毎月1回、全国各地で実施されるが、ＴＷＥは毎回ではなく、年間5回のみ実施されている。ただ、日本でも2000年から導入されているコンピュータ試験では、ライティングが試験の一部として組み込まれている。

CBT

　ＣＢＴとは、Computer-Based Testing、つまりコンピュータを使ってのＴＯＥＦＬ試験で、およそ4時間30分をかけて4セクションの設問に答えるようになっている。最初に、コンピュータによる受験方法の説明を受ける。これに通常40分ほどかかる。テストはその後に始める。

　聴解セクション Listening Section には、30から50の設問が用意され、解答には、40分から60分かかる。短い会話、長い会話、講義やスピーチなどという内容についてはペーパーＴＯＥＦＬと同じだが、コンピュータＴＯＥＦＬでは音量を自分で調節したり、聴きながら設問を画面上で読んだりすることができるし、制限時間はあるものの、次の設問へ進む時間調整を自分で行えるなどの利点がある。

　構文セクション Structure Section には20から25の設問があり、解答に与えられる時間は15分から20分。

CBT画面（上がListening Section、下がReading Section）

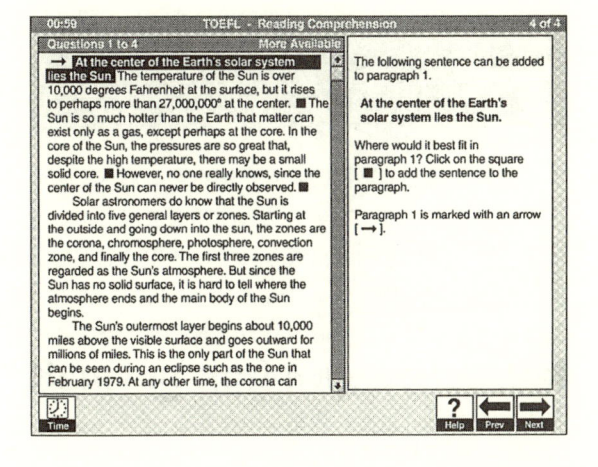

TOEFL - Reading Comprehension

Questions 1 to 4

→ At the center of the Earth's solar system lies the Sun The temperature of the Sun is over 10,000 degrees Fahrenheit at the surface, but it rises to perhaps more than 27,000,000° at the center. ■ The Sun is so much hotter than the Earth that matter can exist only as a gas, except perhaps at the core. In the core of the Sun, the pressures are so great that, despite the high temperature, there may be a small solid core. ■ However, no one really knows, since the center of the Sun can never be directly observed. ■

Solar astronomers do know that the Sun is divided into five general layers or zones. Starting at the outside and going down into the sun, the zones are the corona, chromosphere, photosphere, convection zone, and finally the core. The first three zones are regarded as the Sun's atmosphere. But since the Sun has no solid surface, it is hard to tell where the atmosphere ends and the main body of the Sun begins.

The Sun's outermost layer begins about 10,000 miles above the visible surface and goes outward for millions of miles. This is the only part of the Sun that can be seen during an eclipse such as the one in February 1979. At any other time, the corona can

---

The following sentence can be added to paragraph 1.

At the center of the Earth's solar system lies the Sun.

Where would it best fit in paragraph 1? Click on the square [■] to add the sentence to the paragraph.

Paragraph 1 is marked with an arrow [→].

設問は、空所補充と文中の誤り発見などについて2種類。内容は、動詞の語形変化、助動詞、仮定法、不定詞、受動態、代名詞、可算名詞・不可算名詞、形容詞、副詞、比較級、前置詞、接続詞など多様だが、要するに、文法の基礎問題一般である。

読解セクションReading Sectionの設問は44から55であり、70分から90分かけて解答する。ひとつのパッセージの長さは350語から400語程度であり、全部で3～6種類が出題される。全体の語数は、1000語から2000語を上回る。テーマは社会科学系、自然科学系、一般的なものとなっている。ちなみに、日本で54万9224人が受験した2002年センター入試英語問題では、358語の長文が1題、テーマは「食事とカロリーについて」で、設問は4。ポーランドのピアニストがピアノを始めた8歳の頃の思い出をつづった652語の長文が1題であり、設問数は6であった。

問題文の後に続く設問は、TOEFLもセンター入試も基本的に同様である。どちらも、内容や語彙に関する設問に対して選択肢から正解を選ぶ形式である。

TOEFLは残念ながら過去問題を公表していないので、代わりに米国で出版されているTOEFL問題集（ETS. TOEFL Test Preparation Kit）から、実物に限りなく似せて作成された模擬テストを、また比較参考として2002年に出題の東京大学の入試英語長文問題を65～69ページに掲載する。

一読すればTOEFLの長文は質量ともにかなりの

ものであるのが分かる。日本の大学入試をＴＯＥＦＬで代替するべきかどうかは、実際の長文問題を入試問題と比較検討してから判断して欲しい。

エッセイ・セクション Essay Section では、与えられたトピックひとつについておよそ300語から500語(3～5パラグラフ)のエッセイを書くことになっており、与えられた時間は30分。トピックは185のテーマが事前資料で公表されており、その中からひとつが出題されるのだが、むろん、どのテーマが自分に与えられるかは分からないし、与えられた以外のテーマについて書いてもスコアにはならない。

テーマは一般的な事柄であり、専門知識は必要ではない。比較的やさしいものでは、

"People attend college or university for many different reasons. Why do you think people attend college or university? Use specific reasons and examples to support your answer."

などというものもあるが、漠然とした文章ではなく、具体的な理由や例をあげながら、30分でまとまったエッセイを書くのは、そう簡単なことではない。

"The twentieth century saw great change. In your opinion, what is one change that should be remembered about the twentieth century? Use specific reasons and details to explain your choice."

と20世紀を振り返るエッセイもあれば、

"The 21st century has begun. What changes this

new century will bring? Use examples and details in your answer."

と21世紀について問うものもある。

"Do you agree or disagree with the following statement?"

と始め、次に、

"Only people who earn a lot of money are successful."

もしくは、

"People are never satisfied with what they have; they always want something more or something different."

などの文章が続き、

"Use specific reasons and examples to support your answer."

と念を押しているものもある。こうなると、まず、賛成か反対かを考えて、いずれかの立場を明確にした上で、理由をあげて論理的に説明しなければならない。

エッセイは2人の審査官により判定され、1点以上の差が出た場合は3人目が加わる。1.0から6.0まで0.5きざみの評価が出された上で、構文セクションのスコアとの総合点が全体スコアに算入される。構文セクション中、エッセイの評価が占める割合は50％である。何も書かなかったり、英語以外の言語で解答したり、テーマから逸脱したエッセイの場合は0点になる。最高点は6.0であり、判定基準についてはＴＯＥＦＬ Bulletinで公表されている評価基準表を54、55ページに載せておく。

　満点の6.0を得るための評価基準は以下の通りである。
・effectively addresses the writing task
・is well organized and well developed
・uses clearly appropriate details to support a thesis or illustrates ideas
・displays consistent facility in the use of language
・demonstrates syntactic variety and appropriate word choice

　どういうエッセイが評価1.0になるのかと言えば、
・incoherent
・undeveloped
・contain severe and persistent writing errors

　つまり文法や語彙の間違いがしょっちゅう出てきて、論旨の展開が不十分で、論理構成に一貫性が見られないものである。

　日本人学習者の書く英文は、英語的な論理構成で書かないことが多く、英語話者には「支離滅裂。いったい何を言いたいの？」としか思えない文章になりがちなので、今後のTOEFL対策は厳しいものがある。CBTライティング・テストの内容については、経験者のアドバイスも含め、第6章で詳述する。

　コンピュータTOEFLと従来型のペーパー・テストによるTOEFLとはスコア基準が異なる。ETS

TOEFL エッセイテスト判定基準

6 An essay at this level
- effectively addresses the writing task
- is well organized and well developed
- uses clearly appropriate details to support a thesis or illustrate ideas
- displays consistent facility in the use of language
- demonstrates syntactic variety and appropriate word choice

5 An essay at this level
- may address some parts of the task more effectively than others
- is generally well organized and developed
- uses details to support a thesis or illustrate an idea
- displays facility in the use of the language
- demonstrates some syntactic variety and range of vocabulary

4 An essay at this level
- addresses the writing topic adequately but may slight parts of the task
- is adequately organized and developed
- uses some details to support a thesis or illustrate an idea
- demonstrates adequate but possibly inconsistent facility with syntax and usage
- may contain some errors that occasionally obscure meaning

3 An essay at this level may reveal one or more of the following weaknesses:
- inadequate organization or development
- inappropriate or insufficient details to support or illustrate generalizations
- a noticeably inappropriate choice of words or word forms
- an accumulation of errors in sentence structure and/or usage

2 An essay at this level is seriously flawed by one or more of the following weaknesses:
- serious disorganization or underdevelopment
- little or no detail, or irrelevant specifics
- serious and frequent errors in sentence structure or usage
- serious problems with focus

1 An essay at this level
- may be incoherent
- may be undeveloped
- may contain severe and persistent writing errors

0 An essay will be rated 0 if it
- contains no response
- merely copies the topic
- is off-topic, is written in a foreign language or consists only of keystroke characters

TOEFL Bulletinより

から発表されているスコア相関表によれば、ペーパーで最高とされる677点は、ＣＢＴでは300点である。北米の大学入学条件に多い550点は、ＣＢＴでは213点である。

ＴＯＥＩＣ

　日本が発注し、ＥＴＳが開発したといえるＴＯＥＩＣは、世界50ヵ国で実施されているが、受験者数が多いのはむろん、日本であり、1998年度受験者は83万人、累計で574万人受験していると言う。受験者数は増加の一途をたどっており、2000年には100万人を超えたことは、第1章で触れた通りである。

　ＴＯＥＩＣの特徴のひとつは団体受験が多いことであり、累計574万人のうち団体特別受験制度受験者は382万人以上とされる。企業、学校、官庁など2500以上の団体が利用している。

　判定は合否ではなく、ＴＯＥＦＬと同じく、受験者全員が同一問題を受験し、その成績に応じて10点から990点までのスコアで表示される。700点以上取得すれば仕事に使える、とされるが、スコア分布を見ると、1979年の第1回から98年の第63回まで、総計130万3380人の一般受験者のうち、695点以上が6万9625人おり、最高ランクの895点以上も2万5117人いる。

　試験はリスニングとリーディング問題からなっているが、スピーキング能力を判定するためのＬＰＩ(Language Proficiency Interview) もオプションで用意されて

ペーパーTOEFLとCBT相関表

Paper-Based Total	Computer-Based Total
660–677	287–300
640–657	273–283
620–637	260–270
600–617	250–260
580–597	237–247
560–577	220–233
540–557	207–220
520–537	190–203
500–517	173–187
480–497	157–170
460–477	140–153
440–457	123–137
420–437	110–123
400–417	97–107
380–397	83– 93
360–377	70– 80
340–357	60– 70
320–337	47– 57
310–317	40– 47

TOEFL Bulletinより

いる。ただし、スコア730点以上が対象である。つまり、730点以下ということは、英語の基礎が不十分なのであるから、読む、聞くの学習をやり直した上でないと、話す力を測定しても意味がない、ということになる。

具体的な問題は、リスニング100問、リーディング100問の合計200問を2時間で解答するもので、マークシート形式である。

リスニング・セクションは45分間で4パートに分かれている。

Part 1は、写真を見て、テープから流れる4つの文章を聞き、写真について最も適切に描写している文を選択する。20問。

Part 2は、テープから流れる質問を聞き、3つの応答から正解を選ぶ。30問。

Part 3は、対話を聞いて、その内容に関する質問文を読み、4つの選択肢からひとつを選ぶ。30問。

Part 4は、短いスピーチなどを聞き、その内容についての質問文を読み、4つの選択肢から正解を選ぶ。20問。

リーディング・セクションは75分間で、3つのパートからなる。

Part 5は、文法・語彙問題。40問。空所補充形式。

Part 6は、誤文訂正問題。20問。下線が引かれている中から、文法上、語法上の誤りをひとつ選ぶ。

Part 7は、読解問題。40問。長文、短文を読み、それぞれについての設問2～4問について、適切な答え

TOEICスコアとコミュニケーション能力相関表

レベル	TOEICスコア	評価（ガイドライン）
A		**Non-Nativeとして十分なコミュニケーションができる。** 　自己の経験の範囲内では、専門外の分野の話題に対しても十分な理解とふさわしい表現ができる。 　Native Speakerの域には一歩隔たりがあるとはいえ、語彙・文法・構文のいずれをも正確に把握し、流暢に駆使する力を持っている。
	860	
B		**どんな状況でも適切なコミュニケーションができる素地を備えている。** 　通常会話は完全に理解でき、応答も早い。話題が特定分野にわたっても、対応できる力を持っている。業務上も大きな支障はない。 　正確さと流暢さに個人差があり、文法・構文上の誤りが見受けられる場合もあるが、意思疎通を妨げるほどではない。
	730	
C		**日常生活のニーズを充足し、限定された範囲内では業務上のコミュニケーションができる。** 　通常会話であれば、要点を理解し、応答にも支障はない。複雑な場面における的確な対応や意思疎通になると、巧拙の差が見られる。 　基本的な文法・構文は身についており、表現力の不足はあっても、ともかく自己の意思を伝える語彙を備えている。
	470	
D		**通常会話で最低限のコミュニケーションができる。** 　ゆっくり話してもらうか、繰り返しやいい換えをしてもらえば、簡単な会話は理解できる。身近な話題であれば応答も可能である。 　語彙・文法・構文ともに不十分なところは多いが、相手がNon-Nativeに特別な配慮をしてくれる場合には、意思疎通を図ることができる。
	220	
E		**コミュニケーションができるまでに至っていない。** 　単純な会話をゆっくり話してもらっても、部分的にしか理解できない。 　断片的に単語を並べる程度で、実質的な意思疎通の役には立たない。

　　　　　　　　　　　　　　　国際ビジネスコミュニケーション協会

を選ぶ。内容は、ビジネスや日常の場で実際にあるような事項が使われる。

スコアは、リーディング、リスニングの個別スコアと、総合したトータルスコアが提示される。

最高のAレベルは、860点以上で、「Non-native として十分なコミュニケーションができる」という評価ガイドラインであり、「ネイティブ・スピーカーの域には一歩隔たりがあるとはいえ、語彙・文法・構文のいずれも正確に把握し、流暢に駆使する力を持っている」レベルに達している。

次のBランクは730点以上で、「どんな状況でも適切なコミュニケーションができる素地を備えている」レベルであり、「文法・構文上の誤りが見受けられる場合もあるが、意思疎通を妨げるほどではない」ので「業務上にも大きな支障はない」段階に達している。「基本的な文法・構文は身についており、表現力の不足はあっても、ともかく自己の意思を伝える語彙を備えている」程度は多くの日本人に当てはまるだろうが、これはTOEICではCランク、470〜730点である。Dランクは、もたもたしながら簡単な会話程度なら何とか、というレベルであり、それ以下の場合は顔を洗って出直しであろう。

英検

「文部科学省認定」というお墨付きがなくなるということで受験者が動揺している上、TOEICなどのラ

イバル登場で苦戦を強いられるようになった英検だが、日本全国誰でも、どの級でも受けられるという手軽さがあり、団体申し込みもある。試験は年3回実施される。

　試験内容は級によって異なる。

＊1級：広く社会生活に必要な英語を十分に理解し、自分の意思を表現できるレベル。1万から1万5000語の語彙力が必要とされる。

　例年の合格率は4％程度で受験者の半数が社会人、30％が大学生である。

　1次試験は、全76問で122点満点。所用時間は約130分。

　筆記（100分）とリスニング・テスト（30分）。合計122点のうち70％以上の正解が必要。マークシート形式だけでなく、英文の大意要約、和文の英語要約などの記述も含む。

　出題内容は、語彙・語法・文法30問、長文の空所補充10問。長文読解10問。英文の大意要約1問、和文の英語要約1問。

　リスニング・テストは、会話の内容一致選択10問、文の内容一致選択10問、長文の内容一致記述4問。

　2次試験は、リスニングと面接。

　リスニング・コンプリヘンション・テストでは、350語前後の英文と3つの質問を聴いた後、答えを英語で書く。

約10分間の個人面接では、受験者がその場で選んだテーマについての2分間即席スピーチの後、質疑応答を含んだディスカッションがある。面接官は日本人1名、外国人1名。
「積極的にコミュニケーションを図ろうとする態度」を審査する意味で、attitudeも評価対象に入っている。

＊準1級：一般的な話題なら十分に理解できるくらいのレベルで、大学2年修了程度。必要語彙数は7500語から8000語とされる。受験者のうち大学生が40％、社会人が40％。合格率は約9％。

　1次試験は、全80問。筆記(90分)とリスニング・テスト(20分)。合計100点のうち、70％以上の正解が必要。マークシート方式で、適語補充、同義語選択、長文読解などの内容。

　2次試験は、約8分の個人面接。指示・質問ともすべて英語で行われる。

　4コマ漫画が描かれている問題カードを渡され、登場人物の1人を主人公にしたナレーションを2分間で行う。問題カードには、ナレーションの出だし文だけが出ており、後は1分間考えた後、受験生が続けるようになっている。ナレーション終了後に4つ、質問が出る。

　典型的な会話パターンを覚えていれば対応できる2級の一段上の能力が求められる。

＊2級：高校卒業程度の英語力。大学入試程度の文法力と作文力が必要で、必要語彙数は約5000語とされる。日常生活に必要な英語を理解し、口語で表現できる程度が基準。

受験者の40％が大学生、30％が高校生。合格率は17〜20％である。

1次試験は筆記(75分、50問)とリスニング・テスト(20分、20問)。合計70点のうち65％以上の正解が必要。

2次試験は約7分の個人面接。指示、質問ともすべて英語。問題カードを20秒黙読した後、指示にしたがい音読。内容に関して5つの質問に英語で答える。

＊準2級：高校2年生までに学ぶ英語が、すべて理解でき、簡単な日常会話が可能なレベル。

必要語彙数は約3600語。日常生活に必要な平易な英語を理解し、口頭で表現できることが基準。受験者の70％が高校生である。

1次試験は、筆記(65分)とリスニング・テスト(20分)。合計70点のうち65％以上の正解が必要。

2次試験は6分の個人面接。50語程度の英文とイラストを見て、面接官の質問に英語で答える。

＊3級：中学卒業レベルの英語力。必要語彙数は2100語程度。受験者の60％が小中学生。

この級から筆記試験(45分)とリスニング(20分)だけでなく、個人面接が加わる。

個人面接は5分ほどで、30語程度の英文とイラストを見て、面接官の質問に英語で答える。
　筆記とリスニングを合わせて65点のうち、65％正解なら合格。

＊4級：中学2年生の英語修了程度。必要語彙数は1300語。マークシート方式で、筆記 (45分) とリスニング (20分)。合計65点のうち、60％を正解すれば合格。

＊5級：中学1年生の英語修了程度。初級者を対象に1987年から新設された級。必要語彙数は約600語。
　筆記 (30分) とリスニング (20分)。マークシート式。合計50点のうち60％の正解で合格。

　以上、英語検定試験御三家の内容を分析すると、共通項が見えてくる。出題形式にはバラエティがあるものの、いずれの試験でも、総合的な英語力を判定しようと出題を試みていることがうかがえる。

以下、3つの読解文を比較のため掲載する。①（昔の北アメリカのネイティブアメリカンの生活スタイルについて）と②（詩人マリアン・ムーアの人生と仕事について）が、TOEFLで出題される読解文のサンプル問題で、③（日本のテレビにおける女性アシスタントについて）が2002年の東京大学入試で出題された読解文である。

①

As many as one thousand years ago in the Southwest, the Hopi and Zuni Indians of North America were building with adobe — sun-baked brick plastered with mud. Their homes looked remarkably like modern apartment houses. Some were four stories high and contained quarters for perhaps a thousand people, along with storerooms for grain and other goods. These buildings were usually put up against cliffs, both to make construction easier and for defense against enemies. They were really villages in themselves, as later Spanish explorers must have realized since they called them "pueblos," which is Spanish for towns.

The people of the pueblos raised what are called "the three sisters" — corn, beans, and squash. They made excellent pottery and wove marvelous baskets, some so fine that they could hold water.

The Southwest has always been a dry country, where water is scarce. The Hopi and Zuni brought water from streams to their fields and gardens through irrigation ditches. Water was so important that it played a major role in their religion. They developed elaborate ceremonies and religious rituals to bring rain.

The way of life of less-settled groups was simpler and more strongly influenced by nature. Small tribes such as the Shoshone and Ute wandered the dry and mountainous lands between the Rocky Mountains and the Pacific Ocean. They gathered seeds and hunted small animals such as rabbits and snakes. In the Far North the ancestors of today's Inuit hunted seals, walruses, and the great whales. They lived right on the frozen seas in shelters called igloos built of blocks of packed snow. When summer came, they fished for salmon and hunted the lordly caribou.

The Cheyenne, Pawnee, and Sioux tribes, known as the Plains Indians, lived on the grasslands between the Rocky Mountains and the Mississippi River. They hunted bison, commonly called the buffalo. Its meat was the chief food of these tribes, and its hide was used to make their clothing and the covering of their tents and tipis.

②

Marianne Moore (1887-1972) once said that her writing could be called poetry only because there was no other name for it. Indeed her poems appear to be extremely compressed essays that happen to be printed in jagged lines on the page. Her subjects were varied: animals, laborers, artists, and the craft of poetry. From her general reading came quotations that she found striking or insightful. She included these in her poems, scrupulously enclosed in quotation marks, and sometimes identified in footnotes. Of this practice, she wrote, "'Why the many quotation marks?' I am asked ... When a thing has been said so well that it could not be said better, why paraphrase it? Hence my writing is, if not a cabinet of fossils, a kind of collection of flies in amber." Close observation and concentration on detail are the methods of her poetry.

Marianne Moore grew up in Kirkwood, Missouri, near St. Louis, After graduation from Bryn Mawr College in 1909, she taught commercial subjects at the Indian School in Carlisle, Pennsylvania. Later she became a librarian in New York City. During the 1920's she was editor of *The Dial*, an Important literary magazine of the period. She lived quietly all her life, mostly in Brooklyn, New York. She spent a lot of time at the Bronx Zoo, fascinated by animals. Her admiration of the Brooklyn Dodgers — before the team moved to Los Angeles — was widely known.

Her first book of poems was published in London in 1921 by a group of friends associated with the Imagist movement. From that time on her poetry has been read with interest by succeeding generations of poets and readers. In 1952 she was awarded the Pulitzer Prize for her *Collected Poems*. She wrote that she did not write poetry "for money or fame. To earn a living is needful, but it can be done in routine ways. One writes because one has a burning desire to objectify what it is indispensable to one's happiness to express . . . ."

③

In Japanese television programs, we see a commentator at one side of the small screen and an assistant at the other. The commentator is usually male and middle-aged. The assistant is usually female, young and often pretty. He comments on various topics, and she assists. However, she assists so little that, to our eyes, she might as well not be there at all. She only nods at the camera when he makes his various statements, and says So *desu ne* when he makes an important point. She never presents an idea of her own. To many Americans watching these two, the situation might seem quite strange indeed. We are certainly used to double commentators, but usually each commentator really comments and both are equals. In this common style of Japanese television, the pretty girl seems absolutely unnecessary. We fail to understand her role. Yet she has a very important one.

A commentator is, by definition, giving his opinion. In the West this is quite enough. In Japan, however, to give an opinion in public is to appear too self-centered, and this is a fault in a society where unity of opinion is an important value. The attractive, nearly silent, young assistant emphasizes this value. Her nods and expressions of agreement indicate that he is not alone in his opinion and that therefore he is not merely self-centered. Rather, he is stating a truth, since at least one person agrees with what he says. At the same time she introduces harmony by indicating that we all agree — after all, it is to us that she is nodding — and the desired unity of opinion has already been reached.

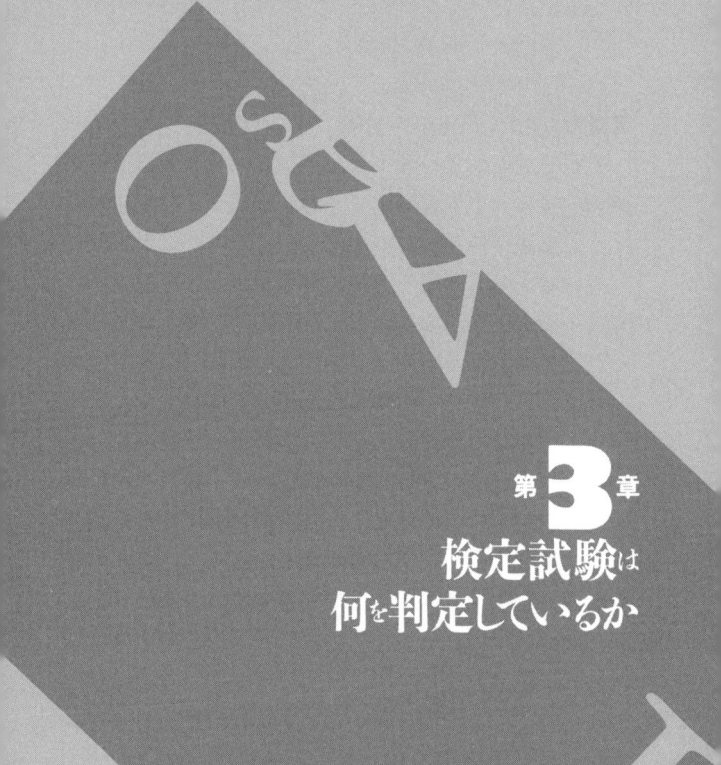

第3章
検定試験は何を判定しているか

言語テストというもの

　TOEFL、TOEIC、英検と、三大英語検定試験の内容について、前章でくわしく紹介したが、どのような感想を持たれたであろうか。

　3試験とも、試験内容に読解力判定が入っており、文法・構文・語法の基礎力を問う設問が多いことに驚かれたであろうか。大学受験の改革を主張し、TOEFL、TOEICで代替すればよいと提案する人は、序章で紹介した立花隆氏を始め多いが、試験内容を仔細に検討すれば、TOEFL、TOEICどちらにも読解力判定が入っており、文法・構文を除外してはいない。TOEFL、TOEICというのは、聞き取りや会話力を判定するテストだと思っている人がいたとしたら(実際、そういう人は案外多いようだが)、拍子抜けしたのではなかろうか。

　しかし、考えてみればこういう試験内容になるのは当然なのである。

　何かの尺度を測るのに、試験は欠かせない。一口に試験と言っても多様であり、たとえば適性テスト、知能テスト、態度テストなどがある。

　英語力を測るのに使われるのは、言語テストであるが、これも大きく分けて2種類ある。集団基準準拠テスト（NRT=Norm Referenced Test）と目標基準準拠テスト（CRT=Criterion Referenced Test）である。

　この2種類のテストに密接にかかわってくるのが、

熟達度判定テスト、配置クラス決定テスト、達成度判定テスト、診断テストなどであり、それぞれに目的や用途が異なる。

ごく簡単に言ってしまうと、集団基準準拠テストというのは、一般的な言語能力や言語熟達度を測定するものであり、ひとりの受験者の成績がパーセンタイル値によって他の受験者の成績と比較される、相対的なものである。得点の分布は、平均値を中心にした正規分布（いわゆる、ベル・カーブ）であり、テストは多種多様な内容からなり、かなり長い。つまり、TOEFLであり、TOEICである。TOEFLなら、3つの一般的な性質のテストに分かれ、聴解能力、書く能力と分析能力、読解能力と語彙能力を測定する（J. D. ブラウン著、和田稔訳『言語テストの基礎知識』大修館書店、1999年）。

これに対し目標基準準拠テストは、個々の受験者が習得した言語材料の量を測定するものであるから、パーセンテージ（パーセンタイルではない）で表される絶対的なものであり、得点は正規分布しない。いわゆる絶対評価と言われるものである。

他の受験者と比べて良いとか悪いとかというのではなく、目標基準に照らしてどうであるかを考える評価であり、設定された目標基準に到達しているか否かが論点になる（大友賢二『項目応答理論入門』大修館書店、1996年）。

学習事項を全部理解しているなら100%の得点をとれ

るはずである。

テストは、明確な目標のある短いテストからなり、受験者はテスト問題の内容を正確に予想できる。

つまり、学校で実施されるテストは、期末試験なども含め、この「目標基準準拠テスト」の範疇に入る。

学校英語教育において「コミュニケーションへの関心・意欲・態度」などの観点別学習状況を評価するにあたっても、基本的には「目標基準準拠測定」である。測定可能な到達目標を設定し、目標に達しているかどうか決定する。TOEFL、TOEICなどとは性質をまったく異にするものである。

このようにテストの目的や構造が異なるものを混同してはならない。大学入試における英語試験の目的が何なのかを明確にしなければ、安易にTOEFLで代替はできない。

高校までの英語教育の成果を測定するというなら、その目的にそった試験を課すべきであるし、単に「英語力」を知りたい、ということなら、日本の大学で必要とされる英語力とは何なのかを定義してから適切な入試を選択するべきである。

北米の大学で必要とする英語力と同じものが日本の大学で必須とは限らない。大学に入学後の学習に最低限必要な英語力というのは、大学によって異なる可能性もあり、要求する内容や程度が異なるなら、各大学が独自の入試を課すことは当然であろう。

さて、この2種類のテストのうち、検定試験にかか

わるのは集団基準準拠テスト（NRT）と呼ばれるものであるのが分かったが、そのNRTには、熟達度判定テストと配置クラス決定テストがある。後者は、たとえば入学者にプレイスメント・テストをして学生の適切なレベルを判定し、レベルにあったクラスに入れて教育効果をあげよう、という際に使われる。

　前者の熟達度判定テストは、通常、入学に必要な一般的言語能力に焦点を絞って実施するもので、個人の総合的能力を他のグループや個人と比較するものである。代表例としてはTOEFLがある。つまり、TOEFLは熟達度を要求する多くのアメリカの大学で使われているものであり、テストの性質は一般的なものであるから、特定の言語プログラムの目標に結びつけることはできない（ブラウン前掲書）。

　ことばを変えていうなら、大規模な標準化されたテストにもとづき、大学側が熟達度を判定するものがTOEFLであり、その目的は学習者が能力以上のところに入るのを防ぐ、あるいは、学習者が必要のない言語プログラムに入ることを防ぐことにある。具体的には、大学に入学して英語での授業についていけない人を排除し、十分についていける能力がありながら付属英語機関で無用な英語学習に時間を費やすことのないように、英語の熟達度を判定することになる。TOEFLというのは、要は、そういうものなのである。

　こういうテストは特定の教育カリキュラムを念頭においていないから、たまたまテストがある特定の言語

プログラムの指導方法と指導内容に近いため、そのプログラムでの学習者の平均点が高くなることもありうる。

ということは、その逆もあるわけで、たまたまテストがカリキュラムにあわなければ、そのカリキュラムで学んでいる学習者はスコアが低くなるかもしれない。

つまり、ある大学の英語教育カリキュラムの内容がTOEFLの方向性とあっていれば学生のTOEFLスコアが高くなることもあるだろうし、あっていなければ低くなることもありうる。大学入試をTOEFLで代替した場合も、同様である。出身高校のカリキュラム内容によって得点が高くなったり低くなったりすることが起こる。

しかし、テストで適切な評価がなされないから、その言語教育カリキュラムの指導内容が誤っていたということにはならない。これは現状のような入試でも言えることだが、TOEFLに変えたら是正できるというものではない。

この点について、ブラウンは前掲書の中で以下のようにいましめている。

「……異なる言語プログラムを比較する時には細心の配慮が必要である。なぜならば、これらのテストは特定の言語プログラムを念頭においていないからである。たまたま、テストがある特定の言語プログラムの指導方法と指導内容に極めて近いため、そのプログラムでの学習者の平均点が高くなるかもしれない。たまたま、

テストがほかの言語プログラムのカリキュラムに合わなければ、学習者はその熟達度テストでは得点が低いかもしれない。問題は、その言語プログラムで行われている指導と学習（完全に効果的で有益にもかかわらず）がテストで適切に評価されないからといって、ほかの言語プログラムより効果的でないと判定されてよいか、ということである。もちろん、判定されるべきでない。したがって、そのような判定をする時には、テストの妥当性と適切性について特段の配慮をする必要がある。
〈中略〉

　熟達度の判定テストは軽々しく行われるべきではない。判定は、収集可能な最良の熟達度テストの得点と、受験者についてほかの資料も使って行わなければならない。熟達度の判定は、受験者の生活に決定的な影響を及ぼすので、いいかげんな判定をすることは専門家としての責任を著しく欠くことになるのである」

検定試験は完全無欠か？

　むろん、世の中に完全無欠なものなど存在しないから、この三大検定試験に対しても、批判がないわけではない。

　英検について、試験自体の妥当性、信頼性を指摘する専門家の中には、いくら１級とはいえ、滅多にお目にかからないような語彙まで出題する是非を問うたり、日本語での出題が基本であるため、日本語力が低い海外帰国生などはいくら英語が達者でも筆記試験で苦労

する点を問題視する。毎回、全国的に大量の受験者に対応するため、試験官確保が一大事業となり、試験官の質の確保という問題もある。

　ＴＯＥＦＬ、ＴＯＥＩＣはともに米国のテスト機関が開発、出題しているものであり、英語による出題であるのが英検との大きな違いである。膨大な量の設問を時間内にこなすには瞬発力、反射神経が問われることになり、じっくり考えるタイプの人間には向かない、という批判もある。リスニング・テストでは、聴く力よりも、聴いたことをメモなしで覚えておく暗記力の勝負になってしまっているのではないか、という指摘もある。

　ＴＯＥＦＬエッセイ・テスト（ライティング）では、北米の大学で通用するような英語の論理構成が判定基準になっている。これを、異なる論理思考形態や文章作法を有する文化に対するアメリカン・スタンダードのおしつけと見る向きもある。言語学者のカプラン (R. Kaplan)が主張するように、文化によって直線型思考パターンや渦巻き型思考パターンがあるとするなら、渦巻き型思考とされる日本人学習者は、直線型思考を求められるエッセイ・テストでは苦労することになる。これは言語能力以前の文化の問題に帰することである。ただＴＯＥＦＬの趣旨は、あくまで北米の大学に留学するための英語力を判定することにあるので、アメリカン・スタンダードで測ることはやむをえないとも言える。

コミュニケーションの能力は測れるか？

より根源的な疑問としてあげられるのは、3試験とも、個人が自発的に発言する能力を判定する試験ではないことである。

外国語教育における言語テストや教育評価の観点から、コミュニケーション能力の測定は大きな課題であり、新しい言語テスト理論の研究も盛んである。

言語テスト理論の専門家である大友賢二氏によれば、項目応答理論（Item Response Theory）では、合否の分かれる付近で最大の情報量を提供してくれる項目を集めることにより、資格認定のための英語検定試験などのテストで極めて正確な合否判定が可能になる、としている。

「項目応答理論」とは、これまでの古典的テスト理論と抜本的に異なり、テスト項目に依存しないで個々の受験者の能力値を測定することが可能であり、受験者に同一のテストを一斉に同一の制限時間の中で実施することを前提とする必要がない。「コンピュータ適応型テスト」の基本的考え方は、この理論にもとづいている。ただ、言語の発表能力に関する測定や評価についての課題は残っており、それについて大友氏は以下のように述べている。

「……言語の発表能力といえば、すぐに、最も関連するのはコミュニケーションの能力という方が多いようです。そして、聴く・話す能力と結びつける場合が多

いようです。しかし、コミュニケーションと言えば、聴く・話すという音声言語にのみ焦点が絞られるものではありません。言語の発表能力という場合には、音声言語だけではなくて、文字言語も含まれるのは言うまでもありません。

文字言語と音声言語の発表能力をどのように測定し、評価するかという課題は、古くて常に、新しい課題です。具体的には、「英語を話す能力」「英語を書く能力」をどのように測定し、評価するかという課題です。

〈中略〉

最近の言語テストで盛んに考えられているデータ分析のひとつは、「話す能力」、特に口頭面接試験などに関連する facet の問題です。たとえば、外国語を話す能力は、いくつかのテストを用いて収集される「テスト得点」で示されるのが普通ですが、その「能力」を構成する要素はいったい何であるかという課題です。これに関しては、多くの議論がなされていますが、その受験者の持っている「話す能力」を構成する要素(facet)は、単なるテストの困難度だけではないという視点です。……言語能力の構成をどのようにとらえるかに関しては、様々な角度から、なおいっそうの研究がのぞまれるようです」(大友賢二『項目応答理論入門』)

言語を「話す」能力が、複雑かつ多様な要素を内包し、測定することは簡単ではないことがうかがえる。「ことば」を突き詰めて考えていくと、最終的には思想や哲学の分野に入っていくのだから、当然と言えば当

然であるが、最近よく聞く「コミュニケーション能力」というものは、何を指すのか知っておくことは英語検定試験を考える上で欠かせない。くわしい説明は第6章にゆずるとして、ここではおおよその概略だけを紹介しておこう。

「コミュニケーション能力」とは何か
「コミュニケーション能力」(communicative competence) という概念は、1972年に言語学者デル・ハイムズ (Dell Hymes) が提唱したもので、コミュニケーション能力には、文法などの言語的知識に加え、その知識を実際に運用する能力が含まれなければならない、という主張であった。文法的に正しい文章を作ることに加え、その文章が、使用される状況のもとで適切であるか、現実的であるか、という包括的な能力をさしている。

また、1980年に入りカネールとスウェイン (Michael Canale and Merrill Swain) は、コミュニケーション能力を4点にまとめた。第1に文法的能力、第2に社会言語学的能力、第3が談話能力、最後が方略的能力の4点である。

「文法的能力」とは文法や語彙などの言語的知識を指し、「社会言語学的能力」は、「会話の社会的ルール」を知り、さまざまな状況に応じて適切に表現を使い分ける能力を指す。「談話能力」とは、全体の文脈の中でメッセージを理解する能力、対話能力のことであり、「方略的能力」とは、いつ会話を始め、どのように保持

し、終えるか、コミュニケーションが円滑に進まなかった場合の修正などのコミュニケーション・ストラテジー能力を指す。

換言すれば、「コミュニケーション能力」を本格的に判定しようとしたら、以上の要素を組み込んだ試験を実施しなければならないことになる。

しかし、そこまでを検定試験に求めることが可能であろうか。

ひとりの人間と言語との葛藤を、1回のテストで判断することは不可能に近い。言語というのは、そんなに生易しいものではない。コミュニケーションというのは、ある文脈の中で他者と対峙した時に必然的に生まれるものであるが、その時に起こる人間同士の言語活動のありようを試験会場という人工的な場で測定しようというのが、英語検定試験である。

しょせん、試験は試験であり、特定の面からある技能を測定するわけであるから、ひとつの目安として参考にすればよいのである。

検定試験はなぜ文法力を見るのか？

ということで、TOEFL、TOEICに戻れば、北米の大学、大学院で勉強したいと入学を希望する外国人の英語力を判断するとなったら、どうしても、英語で講義を聞いて十分に理解し、課題テキストを英語で大量に読み、きちんとした英語でレポートや論文を書く力があるかどうかが問題となる。

それを判定しようとしたら、文法・構文・語法などの基礎知識と読解力を見ないわけにはいかない。

　ビジネスを主眼とする国際コミュニケーション能力を見るTOEICにしても、仕事で使う英語は、まず基礎が磐石(ばんじゃく)でなければならず、その上でさまざまな英語を読む力が欠かせない。いくら会話に文法はいらない、とがんばってみたところで、ビジネスの場で間違いだらけの英語を喋ったら、それは円滑なコミュニケーションにはならない。

　最近の日本では、英語教育における文法は、はなはだ肩身が狭くなっている。コミュニケーションと対立するかのように扱われ、文法ばかりやるから英語が話せない、などという意見が常識化している。ビジネス現場で英語を日常的に駆使している人が体験談などを語るとたいていは、文法を気にしていたのでは話せない、という感想を述べるので、文法など無用だと信じている人も多く、中学生や高校生が、文法なんて無駄なんだけれど受験のために仕方がない、と嫌々学習する傾向がある。大学受験があるから現実の英会話に不必要な文法を勉強しなければならない、という空気が濃厚で、使える英語を使えなくしているのは大学入試だ、と大学が批判の対象と化している。

　これは見当違いな考え方だといわざるをえない。

　実際に会話を行う際に、「ここは複数形にするのかな？冠詞はつけるのかな？」などと、いちいち文法を考えていたのでは、スムーズに話ができないので、「文法な

ど忘れて話しなさい」とアドバイスすることはありうるが、それは文法を学習しなくてよいということではなく、まして、文法学習がコミュニケーションを阻害するということではない。

　難解な文法用語を覚えることがコミュニケーションに寄与しないことは論を待たないが、外国語で内容のある話をしようと思ったら、体系的な文法知識を応用することは当然である。複文を組み立てたり、仮定法を使ったりすることは日常レベルでもあるわけで、そういう際に、文章を作り出し組み立てる力を支えるのは基本的な文法・構文の知識である。

　だからこそ、検定試験では必ず、何らかの形で文法・構文・語法の知識を問うのである。話す上でも、発話の基盤として文法や語彙は必要だし、英語を書く際には、文法・構文の知識なくしては、相手に理解されるような英文を書くことは無理である。

　先に述べたように、「コミュニケーション能力」自体に、文法・構文の知識は不可欠のものとして含まれている。外国語としての英語を習得する際に、文法・構文・語彙などを学ぶことにより、言葉の組み立てを体系的に覚えなければ、いざ会話をしようと思っても、自力で文章を組み立てることは無理である。会話の例文や表現を覚えることは、書いたり話したりする際に有用ではあるが、文法構文の知識なしにむやみに暗記だけしても、応用がきかないので、実践には使えないことになる。

ネイティブらしさより正確な文法

 さらに付け加えれば、異文化コミュニケーションの観点から言うと、文法的に正確な英語を話すことは好感を持たれ、プラス効果が大きい。逆に文法的に間違いだらけの英語を書いたり話したりすると、教養を疑われる場合があり、これはビジネス交渉では大いなるマイナスとなる。

 不思議なことに発音が少々間違っていても、悪感情をもたれることはなく、むしろ、「外国人がしゃべっている」という注意喚起の表示になり、相手が話し方に気をつけ配慮してくれるという利点がある。むろん英語とは聞こえないような発音ではコミュニケーションが成立しないが、少々日本人的な発音でも、外国人だから仕方がない、と大目に見てくれる効果を生む。外国語なまり自体は、悪いとばかりは言えないのである。

 ところが、文法が間違いだらけだと、無意識のうちに相手から、教育程度が低いとみなされて損をする、ということがありうる。

 具体例を挙げよう。

 ある高校生が学校で、「何も知らない」というのは英語で、

"I don't know anything."

と習った。すでに don't で否定しているので、次にくるのは nothing では間違いである、anything と言うべきだ、という文法的な説明が教師からあった。と

ころが、映画を見に行ったら、なんと登場人物が、
"I don't know nothing."
と言っているではないか。この生徒は驚き、そして腹を立てた。
「なーんだ、生きた英語では、"I don't know nothing." って言ってるじゃないか、学校で習うことなんて全然、役に立たないんだ。こんな英語を受験のために覚えなくちゃいけないから、僕たちは英語を話せるようにならないんだ」
と、学校へ行き先生に怒りをぶつけた。先生は、映画でそう言っていた、ということはネイティブ(英語母語話者)なら、そのように話すのだろうか？　と教科書通りに教えたことを恥じながら、あわててネイティブの先生に確認した。するとアメリカ人の先生が答えていわく、
「確かに、"I don't know nothing." と言う人は実際にはずいぶんいる。けれど、たいていは十分な教育を受けなかった人たちがこういう言い方をするのであって、文法的には "I don't know anything." が正しい。だから日本人生徒には正しい表現を教えるべきだ」
「生きた英会話」というのは魅力的な響きがあるが、何をもって「生きた」とするかは難しいところである。
　映画などは「生きた表現」を学ぶには格好の教材ではあるが、映画の種類や設定された状況などを考慮に入れないと、おかしな表現を覚えて使ってしまうことになる。

これは、あるアメリカ人の経験談だが、日本の映画を見て日本語を勉強し、来日して早速それを使ってみた。英語字幕で "How do you do?" となっていたので、初対面の人にはこういうものだと思って、使ったのが「おひけえなすって」。

相手の日本人は一様にギョッとした顔になったらしいが、このアメリカ人が教材としたのはヤクザ映画だったのである。似たような例は英語学習でも起こる。

あるテレビ局のディレクターは映画が趣味で、西部劇を見て英語を覚えた。その彼が、外国からの要人をスタジオに案内する際、使ったのが、
"Hey, you, come here !"

たとえて言えば一国の首相に向かって、
「オメエ、こっちへ来い！」
と言うようなものである。

この2例は、厳密に言えば文法の問題というより、用法、つまり言葉づかいの問題であるし、映画に登場する会話には文法的に正しくない用法も入ってくる上、実際の日常会話には文法に則さない使い方が存在することも事実である。しかし、そのせりふが使われている状況、場面、文脈などを考慮に入れないまま、ただ真似をすると危険である、ということの具体例として紹介した。

ある表現が一般的に使用されるのに適切な用法であるかどうかの判断は実はかなり難しいものではあるが、文法の基礎知識を活用して、正しい使い方かどうかの

判断はある程度はできるし、どちらかと言えば、文法的に正しい表現を使った方が無難であると言えよう。

その意味で、生き生きとした英語を使う前提には、基本的な語法習得と文法・構文の知識が不可欠となる。その基本的知識を欠いたまま、たまたま覚えた表現を使うと、とんでもない誤りを犯すことになりかねない。

教科書英語はとかく批判されるが、外国人として学ぶ際に、一定の規範から学習することは、あながち悪いことではない。

文法を知るということ

文法に話を戻そう。

直接話法と間接話法の書き換え練習など、まったく無味乾燥でむだのように思えるが、会話ならともかく、文章を書く場合は、直接話法ではなく間接話法にしないと幼稚な印象になることを知れば、あの練習は無意味ではなかったと思い知る。

仮定法なんか煩雑なだけで役に立たない、と考えるのも早計で、交渉事で「仮に、こうだったとしたら」などと条件をつけることはあるし、夢を語る際にも仮定法は必要である。『英語で日記を書いてみる』(石原真弓、ベレ出版、2001年)という本は、英文日記を毎日つけることにより英語を学習することをすすめており、日記を書くのに必要な表現を網羅しているが、仮定法を使った表現が結構含まれている。

コンピュータTOEFLのエッセイ課題にも、

"If you could change one important thing about your hometown, what would you change?"

という文章が登場する。

英語の仮定法は丁寧表現も含め、大人の会話には必須の知識だと言える。

冠詞は日本人にとって難しい文法事項のひとつである。こんなもの習って何になるの？　と言いたくもなるが、定冠詞をつけるか不定冠詞をつけるかで、意味が異なってくるのが英語ということばなのである。

ＮＨＫテレビ英会話『クロスロード・カフェ３』でごく最近、解説したものにこういう例がある (2002年4月第1週放送)。

クロスロード・カフェという小さなレストランの経営者であるブラショフさんが食材を仕入れる際に、注文したコメが届いていないのに気づき、配達員に質問する場面である。

Brashov: Where is the rice? (注文したコメはどこだ？)

Delivery Man: What rice? (コメって？)

Brashov: The rice that is supposed to be here. (注文したはずのコメだよ)

Delivery Man: Let me take a look at that. Well, what do you know? It does say rice. (ちょっと見せて下さい。あれあれ、なんてこった！　コメって、注文書にちゃんと書いてあるや)

この場面では、経営者のブラショフさんが rice と言

うときは終始、the rice と定冠詞をつけており、配達員は、常に冠詞抜きの rice と言っている。これは、どちらかが間違って使っているのではなく、文脈上における定冠詞の用法を端的に表している。経営者は、「自分で注文したはずのコメ」について話しているので、the をつけており、それに反し、配達員は一般的な「コメ」について質問しているので、冠詞抜きになっている。この文脈を無視すると、仮に経営者の英語だけを聞いた日本人は、rice には定冠詞をつけるものだ、と思うかもしれないし、配達員の英語だけを聞いた人は、rice には決して冠詞をつけないものだと思いこむかもしれない。文法の規則をコミュニケーションと結びつけて学ぶことの必要性が、この例からよく理解できる。

　本来的な意味でのコミュニケーションを可能にする基礎は、言葉の成り立ちと枠組みを知って文を組み立てる力にあるからこそ、各種英語検定試験では、どの試験であっても単にリスニングだけでなく、文法・構文・語法・語彙などの技能を見ようとしていることになる。

ＴＯＥＦＬスコアと読解力

　それを踏まえた上で、検定試験をかえりみると、序章および第1章で指摘した点に立ち戻ることになる。日本人のＴＯＥＦＬスコアが低いのは、一般に考えられているのと違い、リスニング力や会話力がないせいではない。通常のＴＯＥＦＬスコアには、スピーキン

グ力測定は入っていないし、リスニングがよいとは言えないにしても、文法力や読解力だって決してよくない。日本人は文法には強く英語を読むのは問題ないけれど話せない、という前提は、過去のものである。実際は、文法も自慢できるほどではなく、「読む力」が乏しいから、結果として、全体のスコアが低いというのは、スコア分析を見ると一目瞭然である。

　日本人のスコアに関する詳細な分析は次の第4章にゆずるが、ここでは問題点を1点だけ挙げておく。

　日本人のTOEFLスコアは、1960年代にはアジアで中位の得点だったのが、97〜98年になってアジアで最下位に落ちた。その後スコアは徐々に上がってはいるのだが、他のアジア諸国の英語力向上がめざましいため、ランキングとしては低位にとどまっている。

　1990年代と言えば、当時の文部省が学習指導要領を改訂し、英語教育はコミュニケーションのためであると位置付けた（中学校・高等学校）。はじめてオーラル・コミュニケーション科目を導入した(高等学校)のが1989年である。ところが、98〜99年を見ても、30代の平均スコアは比較的高めであるのに、10代の受験生が点数を下げている。しかし、10代こそ、コミュニケーション志向の新しい英語教育を受けて育っている世代ではないか。「力試し」にすぎないから「動機」が問題で、真剣さがないのだろう、と船橋洋一氏は推測しているが(『あえて英語公用語論』)、はたしてそれだけであろうか。リーディングを含めスコアの内容についてさらに検討

する必要がありはしないか。

第4章
日本人のTOEFLスコアはなぜ低いのか

日本人のスコアはアジアでも下位

　この章では、日本人のTOEFLスコアについての考察を試みたい。

　日本人のTOEFLスコアが低いことは、客観的事実として認めざるをえないであろう。

　TOEFL事業本部発表のデータで1999年7月～2000年6月の平均スコアを世界各国と比較すると、以下のようになる。ちなみに現在、TOEFLの主流はペーパーからCBT(1999～2000年で全世界受験者31万7708人)に移行しているが、日本国内でCBTが始まったのが、2000年10月からなので、ペーパーテストで比較する。

　世界全体での受験者総数　　41万1103名
　日本人受験者総数　　　　　9万9134名
　日本人の平均スコア　　　　　　504点

　世界の平均スコアを見ると、もっとも高いのはノルウェーの619点であるが、受験者数は40名。次が603点のスウェーデンであるが、こちらも受験者数は137名と、日本とは母数が違いすぎて比較にならない。他の地域は、ヨーロッパでは最大がブルガリアの428名、アフリカではナイジェリアの198名が最多、南米での最多はコロンビアの533名、中東ではヨルダンの251名、太平洋地域では最多でもパラオの112名である。どこもせいぜいが3けた台の受験者数で、1けた2けた台の国も数多い。

受験者数が多い国を見てみると、万単位の受験者はアジアにしかいない。

　第1位　日本　　9万9134名
　第2位　中国　　9万2499名
　第3位　韓国　　8万5235名
　第4位　インド　4万2967名
　第5位　台湾　　3万4035名
　第6位　タイ　　1万7133名

あとはすべて千単位である。

　アジア地域では、およそどの程度の平均スコアなのか見てみよう。最も平均点が高いのはブータンの583点である。ただし、受験者数はわずかに32名である。最も低いのはラオスの473点。こちらも受験者数は52名と少ない。受験者数が日本と比較できるほど多いのは、9万2499名が受験した中国であり、スコアは559点。次に受験者数が多いのは韓国で、8万5235名、スコアの平均は533点である。

　韓国のスコアは、「1965年以前は日本より低かったのが、70年までに日本を追い抜き、年々スコアが上昇している」、と大変な脅威であるかのように伝えられているが、1999～2000年に関しては、前年の535点から若干スコアが下がって533点になっている。ただ、下がったといってもマイナス2点であるし、日本より高いことは事実である。日本より平均スコアが低いアジアの国々は、カンボジア、ラオス、ミャンマーくらいであり、インド（581点）、台湾（515点）と高い国の方が多い。

母語と英語の言語的距離

　TOEFLのスコア結果に関し、大谷泰照氏（滋賀県立大学）は、TOEFLの国際ランキングには「学習者の母語と英語との間の言語的距離と、さらには欧米による植民地経験の有無」が鮮明に反映している、と報告している（『日本経済新聞』、1999年9月12日）。つまり、英語と言語的に近いゲルマン語系はおしなべてスコアが高く、言語的に遠ざかるにつれスコアが下がる。また、かつての英米の植民地経験国はスコアが高い、という。

　言語間の距離については米国国務省付属の外交官養成機関である Foreign Service Institute が1973年4月に発表したデータが参考になる（"Expected Levels of Absolute Speaking Proficiency in Language Taught at the Foreign Institute", Kirihara "Peripatos" Vol.1）。

　英語を母語とするアメリカ人が、どの言語を何時間学習すると、どの程度のスピーキング能力を獲得するかを示したもので、学習する対象言語群を4つに分けている。それによると、第1グループに入るデンマーク語、オランダ語、フランス語、ドイツ語、イタリア語、ポルトガル語、スワヒリ語などは、英語母語話者にとって最も学習しやすい言語とされる。たとえば通常の言語適性をもつアメリカ人がオランダ語をゼロから学習し、「一般的な言語学習の完成レベル」まで到達するのに、ほぼ960時間かかる、とされている。ところが、第4グループに属する日本語や韓国語になると、

2400〜2760時間かかるとされ、英語母語話者にとっては最も学習しにくい言語となる。

　これを裏返して言えば、第1グループに属する言語を母語とする人たちにとって英語は学習しやすく、第4グループに属する言語(日本語、韓国語、中国語、アラビア語)は学習しにくい、ということになる。これは、あくまで「スピーキング能力」についての難易度分類であり、TOEFLスコア・データにスピーキング・テストの結果は入っていないので、そのままあてはめることはできない。だが参考までに、あえてこの2グループのスコアを見てみる。

　1999〜2000年のTOEFLスコアを母語別に見ると、デンマーク語は受験者10名でデータなし、オランダ語582点、フランス語538点、ドイツ語590点、イタリア語557点、ポルトガル語527点、スワヒリ語533点である。中でも大谷氏の指摘通り、ゲルマン系はオランダ語582点、ドイツ語590点と高得点である。

　言語的に英語から遠い第4グループのスコアを見ると、日本語504点、韓国語533点、中国語559点、アラビア語510点である。

　旧植民地で日常的に英語使用を余儀なくされた国はスコアが高い、という点についても、スコア表を見ると、英国の植民地であったインドは581点、スリランカは555点、と日本より高い。

中国人、韓国人の英語は読解、文法が強い

　英米の植民地にならなかった日本は、言語的にも英語とは遠く離れている日本語を使っており、そのような事情を考慮せず、数字だけを比較してもはじまらないことになる。ただ、言語的に英語とは離れている中国と韓国の平均スコアが高いのは目立つ。しかし、この結果を見て、特に韓国の英語教育改革がめざましいことから、「リスニング力が伸び、受信型から発信型の英語教育に移行した成果だ」とする解説がなされたりするのは不正確な認識だと言わざるをえない。

　そもそも、「リスニング」は受容能力であり、発信能力はスピーキングとライティングである。しかしながらTOEFLスコアを比較する際にスピーキング、ライティングは現在までは入れていない。コンピュータによるCBTではライティングが加味されているので、発信力を比較するなら、CBTで比較しなければならない。また、1999～2000年のスコア分析を見ると、以下のようになる。

　中国・韓国ともに文法・構文セクション、長文読解セクションのスコアが高い。リスニングだけを比較す

	中国	韓国	日本
Listening	53	51	50
Structure&Written Expression	58	54	51
Reading Comprehension	57	55	51

ると、日本の50点に対し、中国53点、韓国51点であり、若干高い程度であるが、文法・構文になると、日本51点に対し、韓国54点、中国は58点と断然高い。

長文読解では、日本の51点に対し、韓国55点、中国57点であり、読む力でも大きな差がついていることが分かる。端的に言ってしまえば、日本はリスニングもよくはないが、文法もダメ、読むのも弱い。しかし中国と韓国は、文法の基礎が強く読む力もある、ということになる。

中国・韓国・日本の英語力に関する調査研究は、大学英語教育学会九州・沖縄支部プロジェクトチームによってなされ、『このままでよいか大学英語教育——中・韓・日3か国の大学生の英語学力と英語学習実態』(松柏社、1997年)として発表されている。直接、TOEFLスコアを比較したものではなく、TOEFL Test Kits (Understanding TOEFL, by ETS) を利用した、TOEFLと同一のテスト・フォーマットでの英語学力調査とアンケート調査により、3ヵ国の違いを分析している。

学力テストは、正式のTOEFLが105時間の実施時間であるのに対し、問題数を減らし、69分のテストに編集したものとなっており、1992年に中国4大学の482名、韓国8大学の547名、日本15大学の752名を対象に実施された。それによると、英語学力テストの総合点では中国がトップで432.3点、次が韓国で375.5点であり、日本は291.8点で大きく水をあけられている。日本

は特に、文法力と読解力において、トップの中国との差が大きい。文法力では52.3点、読解力では38.4点の開きがある。

　国籍別のテストの成績一覧で平均点を見ると、以下のようになっている。

　3ヵ国の英語学力テストの結果を比較すると、中国の好成績が顕著である。

	中国	韓国	日本
英語聴解力（0～219点）	105.8	89.2	73.9
英語文法力（0～189点）	152.1	117.6	99.8
英語語彙力（0～136点）	87.1	91.2	69.2
英語読解力（0～136点）	87.4	76.9	49.0
総合点　　（0～680点）	432.3	375.5	291.8

全サンプル　1781

平均点　335.5　　最高点 672.4

　中国の英語教育事情を解説した論文（TESOL QUARTERLY Volume35, Number1, Spring2001 English Language Teaching in China:Trends and Challenges, Yi'an Wu; Communicative Language Teaching in China:Progress and Resistance, Liming Yu）によると、中国では小中高あわせて生徒数が2億人を超し、大学入学者は2000年9月現在200万人である。中高レベルで週4時間の英語を学習し、1992年からは伝統的な文法訳読法に代わり、全国的にコミュニカティブな英語教育が実施されるようになった、というのは、日本と似ている。興味深いの

は、93年から5年間をかけ、コミュニカティブな教授法と伝統的な教授法を比較した実験が行われ、99年に発表された結果では、どちらも長所と短所がある、とされ、両方をうまく統合した教育が望ましいとされた、とある。同じ頃に「コミュニケーション主眼」を打ち出した中国で文法力・読解力がともに高く、日本では低いのは、いったいなぜなのか。

　こういった事実は、ＴＯＥＦＬが公表しているデータを仔細に見ればすぐに判明することなのだが、日本では、「ＴＯＥＦＬのスコア」という言葉だけが一人歩きしており、客観的な分析にまでいたっていない。英語力は英語教育の結果であるから、原因は日本の英語教育にある、とされるのは当然であるが、原因としてあがるのは、「学校では使える英語を教えないからだ」という、個人的体験にもとづく批判が大半である。そして対策として出される提案は、「だから、これからはもっとリスニングやスピーキングをやらなければ、ダメだ」という意見に集約される。「ＴＯＥＦＬスコアを上げるには、リーディングよりリスニング力を重視する native speaker 型英語授業への移行が効果的」などとまことしやかに語る出版物もあるくらいである。スピーキング力はＴＯＥＦＬスコアに含まれてはいないこと、リーディングや文法のスコアが低いことなどは、ほぼ無視されている。

　日本人の読解力欠如がＴＯＥＦＬスコアに表れていることは、じつは何年も前から、専門家の間では指摘

されていることである。

しかし、なぜかこの点に関する一般の認識は低く、ＴＯＥＦＬのスコアが低いことイコール会話がダメ、という図式になっているのは、まことに不思議である。

日本人のスコアの推移

日本人のスコアは「世界最低」ではない。ただし、世界の平均スコアより低く、「平均スコアが低い部類」に入ることが、これまでの分析で分かった。

日本人のスコアというのは、これでも少しは上がっているのか、それとも一般的に言われるように、昔から現在にいたるまで、おしなべて低いのであろうか。

ためしに、1964年から現在にいたるまでの、日本人のＴＯＥＦＬペーパー・テストでの平均スコアを見てみる。

1964年2月～66年1月当時は、受験者数も1710人と少なく、スコアの平均は482点であった。その後、何年かは480、476、470、483という数字が続く。

1978年9月～80年8月の時期に受験者数は3万7064人と一気に増えるが、スコアは483点と変わらない。次の80～82年、82～84年に受験者数はさらに増加し、8万5523人となり、スコアは82～84年495点、84～86年に496点となる。その後のスコアは、485、484、490、493、494と推移し、95～96年は14万4572人受験し、平均点499点、97～98年は15万4204人受験し平均点は498点。平均点がようやく500点を超えたのが、98～99年という

ことになる。

　要するに、受験者数は飛躍的に伸び、いまや世界一の受験者数であるが、スコアは低迷している。ただし、これまでで最低は66～71年の470点であり、98～99年の501点、99～2000年は504点であるから、60年代に比べれば、30点は上昇していることになる。これが評価できるかどうか判定するために、ＴＯＥＦＬスコアが上昇していると評判の韓国、中国と比較してみる。

アジア諸国との比較

　韓国を見ると、1964～66年は461点だったのが、その後463、462、474、486、78～80年504点と推移し、90年代に入ってからは、92～94年506、95～96年518、96～97年518、97～98年522、98～99年535と着実に伸びている（99～2000年は533点）。

　中国は1964～1966年は472点、その後、471、476、483、76～77年に501点と推移し、90年代に入ってからは92～94年549、95～96年556、96～97年555、98～99年563点とめざましく上昇している（99～2000年は559点）。

　各セクションごとに見て比較してみよう。

　1998～99年、日本はリスニング49、構文・ライティング表現51、長文読解50である。

　韓国は同じ時期、リスニング51、構文・ライティング表現54、長文読解55である。

　リスニングで差がついているというより、構文セクション（つまり文法）や長文読解で大きな差がついている。

中国を見ると、リスニング54、構文・ライティング表現58、長文読解57であり、全セクションで高得点であるが、特に構文セクションが高く読む力もあることが顕著である。

　台湾は、リスニング50、構文・ライティング表現51、長文読解52と日本と大差ない。

　同じアジアの近隣諸国であっても、スコアがこのように差があるのにはさまざまな要因が考えられる。そのひとつとして、受験者の実態を見てみることにしよう（データは98〜99年）。

若い世代が低い日本

　まず、受験者の平均年齢を見ると、日本24歳、韓国26歳、中国25歳、台湾25歳。日本人受験者で最も多い年齢層は、19〜22歳であり、3万8347名いる。この層の平均点は485点である。スコアが最も高い層は、31〜40歳男性であり536点である。この年齢層は全体の平均スコアも530点と高い。最も低い層は、16〜18歳1万1997名の469点である。年齢層をスコアの高い方から順に並べると、①30代②20代③40代④19〜22歳⑤16〜18歳となる。

　韓国では、最も高い層が16〜18歳女性1596名の542点。次が同年代の男性1745名で535点。低いのは、41歳以上の性別不明9名の488点である。性別を問わず低い層は、41歳以上489名の523点である。年齢層をスコアの高い順に並べると、①16〜18歳②30代③20代④19〜22歳⑤40代以上なる。中国は、最高スコアが23〜30歳男性2万

605名の569点。この年齢層は男女あわせた平均も567点で高い。低スコアは、41歳以上性別不明の1名393点。性別を問わず低いのは、16〜18歳1496名の520点。年齢層をスコアの高い順に並べると、①20代②19〜22歳③30代④40代以上⑤16〜18歳となる。

　これを見ると、他国と比べて韓国は16〜18歳のスコアが高いことが特徴であり、日本は逆に30代が健闘しているのに、若い世代（16〜22歳）の低スコアが足を引っ張っていることが分かる。もう一度、高校生（16〜18歳）のスコア平均を比較すると、日本469点に対し、韓国は538点、中国は520点である。大学生（19〜22歳）のスコア平均を比較すると、日本485点に対し韓国は528点、中国は561点である。外国語学習の目的をコミュニケーションと位置付けた新学習指導要領で、オーラル・コミュニケーション科目も履修してきているはずの若者が、中国や韓国の高校生や大学生と比べてはるかに低いスコアである。

日本人は大学へ、中国人は大学院へ留学

　視点を変えて、アメリカへの留学者を見てみると、日本人は大学の学部レベルへの留学が69％であり、圧倒的に多い。大学院レベルは18.6％。その他が12.3％である。

　台湾は逆に大学院留学が多く52.8％、学部留学は38.0％である。韓国では比率が拮抗しており、学部留学が42.2％、大学院留学が48.7％。中国は80.9％が大

学院留学であり、学部はわずか12.9％となっている。

ここから言えるのは、韓国では高校生のスコアが高く、米国留学は学部へも大学院へも同じくらい多い。

中国でも高校生のスコアは日本より高いが、米国留学はむしろ大学院が多い。日本は、アメリカ留学と言えば多くが学部レベルであり、高校生のスコアは低い。

新しい英語教育を受けているはずの高校生のスコアが低いことは、日本ではほとんど話題になっていないが、全体的なスコアが低いことより、こちらのほうが問題は深刻である。しかも、文法・構文や長文読解のスコアが低く、それを補うほどリスニングの力もあがっていないことを、教育関係者は真摯に受け止めるべきであろう。

この点を、さらに分析してみたい。

日本の若年層はなぜスコアが低いのか？

日本人のTOEFLスコアは少しずつ上昇しているが、中国、韓国の伸び率とは比較にならず、1970年代後半追い越された。最近のスコアを分析すると、低スコアの年齢層は16〜22歳、技能別ではリスニングだけでなく文法・構文やリーディングの得点も低い。これを別の表現で平たく言うと、こういうことになる。

日本人のTOEFLスコアはお隣りの韓国や中国に比べて、どうもパッとしない。足を引っ張っているのは高校生と大学生。弱点は、文法と読解力の欠如、つまり、基礎力に欠け、読む力がない。

この分析が示唆するところは重大である。なぜなら、高校生と大学生という年代こそ、「コミュニケーション志向の新しい英語教育」を受けてきた世代だからである。新中学校学習指導要領で外国語学習の目標は、

「外国語を理解し、外国語で表現する基礎的な能力を養い、外国語で積極的にコミュニケーションを図ろうとする態度を育てるとともに、言語や文化に対する関心を深め、国際理解の基礎を培う」

と明記されたのが1989年である。高校でも、ほぼ同様の目標を掲げた学習指導要領に改訂され、新しい学習指導要領のもと、「オーラル・コミュニケーション」という科目が新設された。コミュニケーション志向の学習指導要領をふまえて、検定教科書も大幅に変わった。つまり最近の高校生、大学生は「積極的にコミュニケーションを図ろうとする態度」を育成する方針のもと「実践的コミュニケーション能力」をめざして英語を学習してきた世代なのである。

　「実践的コミュニケーション能力」育成に大きく指導方針が転換し、限られた授業時間内に聞くこと、話すことの指導に重点が置かれたのであるから、結果として「読む力」が相対的に弱くなったことは理解できるとしても、それを補うだけの「リスニング力」が高まっているわけではないのはなぜなのか。

　10代の受験生は、ほんの力だめしで受けているから真剣さがない、動機づけの不足だろう、という見方もあるが、それなら韓国や中国の10代はどうして我が国

の10代より高得点なのだろう。ＴＯＥＦＬが北米の大学に留学するために必須の条件であることを考えると、海外留学をめざすことの多い大学生が真剣でないとは考えにくい。

受験英語の弊害が常に言われ、大学受験の改革を主張し、ＴＯＥＦＬで代替すればよい、という提案さえ出ているが、ＴＯＥＦＬの試験内容に読解力判定が入っており、文法・構文の基礎力を問う設問が多いことを考えると、単に大学入試を批判するだけの主張は根拠が弱い（読解文の例文は65〜69ページ参照）。

いわば英語学習の現役である若者たちが受験した結果が、聴く力、読む力ともに弱い、ということなら、その原因を突きとめない限り、事態の改善は望むべくもない。

一昔も二昔も前に（中には何十年も前のことを持ち出す人もいる）自分が受けた英語教育を基準に、「あんな英語教育じゃ、ＴＯＥＦＬが低いのは当たり前ですよ。学校英語を何とかしなくては」と憤慨する人がいるが、見当違いもはなはだしい。世の中は急速に変化している。

いまや、「実践的コミュニケーションのための英語」は、大学を含めて学校英語の常識である。そのような現実的な変化に対する認識を欠いたまま、対策を論じても無意味であろう。

抜本的なパラダイム・シフトを経験しつつある学校英語教育の成果があがっていないとしたら、その原因は何なのか。「コミュニケーション」とうたっていなが

ら、実際には、そのような授業が行われていないからなのか。あるいは、「コミュニケーション」の定義を狭く考えすぎて、日常会話レベルに終始していることの当然の帰結なのか。読むことをないがしろにしてきたツケなのか。現在の英語教育で主流となっているコミュニカティブ・アプローチは、従来の文法に基づく指導法ではなく、形式上の正確さ（accuracy）より機能や意味を重視し、流暢さ（fluency）を求めるため、結果として、文法・構文が弱くなるのは仕方ない、ということなのか。

　コミュニケーションを目的とする英語教育は日本では1990年代に入って始まり、はや10年あまりになろうとしている。そろそろ、その成果を検証し、さらなる改善へ向かうべき時にきている。

　そのような検証に役立つということなら、ＴＯＥＦＬスコアを論議することも意味はあると考える。

第**5**章
「資格試験」は万能か？

資格試験選択の時代

　各種英語検定試験の内容を紹介し、本物の実力をどこまで判定できるのか検討してきたが、ここであらためて、世に言う「資格試験」について考えてみたい。

　試験のための勉強ではなく、勉強した結果を判定するための検定試験でありたい、と言うのはたやすいが、力だめしどころではなく、資格がものをいう世の中だから仕方なく試験を受けるのだ、という考えも当然ある。理想を語るのは結構だが、就職をどうしてくれるんだ、という声も聞こえてくる。

　不況で資格志向が一段と高まっているときに、文部科学省が技能検定認定廃止を打ち出したことで、これまで「文部科学省認定」というお墨付きを前面に出してきた「資格試験」ビジネスは、一挙に自由化が進むだろう、という予想もある(『毎日新聞』2001年8月31日)。「認定が消えると、数ある検定の中でどれを信用していいか、受験者が困惑するのではないか」と危惧する団体もあるが(『毎日新聞』)、それはすなわち今後は、多種多様な資格試験の中から受験者自身が自分のニーズにあわせて適切な資格試験を選択していかなければならないことを意味する。

　ここで、もう一度、必要性という観点から英語関係の資格試験を振り返ってみよう。

通訳案内業試験はガイドには必須

　この資格がないと絶対に仕事が来ない、というものがある。通訳案内業試験である。

　この試験に合格しないと通訳ガイドとして働くことはできないので、どうしても受験しなければならない。しかも、なかなかの難関で、2001年度の例をとると、受験者数5627人のうち、合格者数は397人、合格率は7.1％。語学別の受験者数・合格者数(合格率)を見ると、英語4055人中222人合格(5.5％)、フランス語175人中9人(5.1％)、スペイン語168人中11人(6.5％)、ドイツ語94人中12人(12.8％)、中国語655人中95人(14.5％)、イタリア語51人中2人(3.9％)、ポルトガル語59人中4人(6.6％)、ロシア語89人中8人(8.9％)、朝鮮語281人中34人(12.1％)であった(JNTO発表)。

　難易度が高すぎて合格率が低いため、試験自体を改革し、ガイドの絶対数を増やすことが検討されているくらいである(2000年度観光政策審議会答申)。

　ただ、この試験は「観光ガイド」対象であるから、英語力だけを見るのではなく、日本の歴史・地理、一般常識などガイドとして必要な知識も問うものであり、他の英語検定試験と同列に論じることはできない。それでも、英語の実力試験代わりに受験する人が多く、難易度をあげてしまっているらしい。

通訳技能検定試験には拘束力はない

　同じように「通訳」という名称がついた試験に、1973年から日本通訳協会が始めた通訳技能検定試験がある。1級、2級とあり、1級になると3次試験では通訳ブースを使い、英日逐次通訳、英日同時通訳、日英逐次通訳、日英同時通訳と4種類の実技試験が行われる。設立以来、通算10万5482名が受験し、2000年度現在、合格者は3万2000名である。

　そのうち、最難関である1級は合格基準を「演説・会議等の正確な逐次通訳はもとより、一定水準の同時通訳を行う能力のある者を対象とする」とし、2級の「特に専門的でない一般的内容のスピーチについて逐次通訳を行う能力のある者を対象とする」と区別している。

　1級の志願者は2000年度の場合、87名で、うち合格者2名、合格率2.3％である。2級は同年度、志願者1156名中合格者が122名で合格率10.6％。難易度に相当な開きがある。

　日本通訳協会は、「他の語学資格試験との難易度比較」表を公表しているので、34ページを参照されたい。

　俗に「通検」と呼ばれる通訳技能検定試験と「ガイド試験」と呼ばれる通訳案内業試験との大きな違いは、通訳が対象か、観光ガイドが対象か、という職種の違いのほかに、民間か公的試験かの違いがある。通訳案内業試験は国家試験であり、通訳技能検定試験は民間団体が行っているものである。したがって、通訳の場

合、この試験に合格しなければプロの通訳者になれないのか、というと、そのようなことはない。むろん、１級合格という「資格」を持って国際会議運営会社に売り込めば有利であろうが、仮に受験していなかったとしても、能力さえあれば仕事は来る。完全な実力主義の世界であるから、免許状の有無よりは現実にどの程度の通訳ができるのかで勝負が決まる。

ちなみに、衛星放送で活躍している放送通訳者は３ヵ所で養成が実施されているが、そのひとつであるＮＨＫ情報ネットワーク国際研修室では入学の目安を「実用英語検定試験１級、またはＴＯＥＦＬ６２０点に匹敵する力」としている（ＢＳ放送通訳グループ『放送通訳の世界』、アルク、1998年）。

これはあくまで「目安」である。というのも、英検１級、ＴＯＥＦＬ６２０点、あるいは国連英語検定特Ａ級などの有資格者であっても、それは単に英語力の参考になるだけで、必ずしも通訳者としての将来性を保証するものではないからである。

通訳協会は最近、「ボランティア通訳検定」という検定試験も始めたが、「ボランティア通訳」というのは、その語義からして「ボランティア」、つまり自らの意志で、無償でサービスを提供するわけだから、依頼する側も「資格がありますか？」などと問えるわけもない。個人的には、いくら無償だからとはいえ、通訳訓練を受けたこともない人が通訳をするのは無謀だと思うので、検定をめざして勉強するのは結構なことだと思う

が、実際問題として、ボランティア通訳検定に資格試験としての拘束力はない。

ＴＯＥＦＬ、ＩＥＬＴＳは留学時に必要

　合格、ということではなく、一定の成績を取得しないと差し支える、ということでは、ＴＯＥＦＬであり、ＩＥＬＴＳである。

　北米あるいは英国、オーストラリア、ニュージーランドの大学に留学を考えている場合は、いやでも何でも、入学条件に明記された成績基準をクリアーしなければならない。何とかならないか、と現地に行ってみたところで、基準のスコアに達したら入学を許可しますから、それまでは大学付属の英語学校で勉強して下さい、と言われるだけである。

　正規の学生となって学部や大学院の授業を履修したければ、何回でも受験して、何としてもスコアを上げなければならない。だが、歯をくいしばってでも頑張る必要があるのは、この大学に留学したい、と強い希望を持っている人であって、もう少しランクの低い大学でいいや、となれば頑張る必要がなくなるわけだし、もともと留学など興味ない、という人は、「トーフル、トーフル」と青くなる必要はまるでないことになる。

　結構なスコアなら就職や転職の際にご披露したり、友人に自慢もできるだろうが、みっともないスコアなら受験したことを黙っていれば、それですむ。

　英検だって同じである。英検１級、となれば、世間

はたいてい感心するし、その実績で入学できたり単位が取れたり、就職できたり、という特典はあるかもしれないが、そこまで行かなかったとしても、何か実害はあるだろうか。プライドが傷つくくらいではないのだろうか。これは、準1級以下、どの級でも言えることであろう。ダメなら、何回でも受けられるのだし、「英検○級以上」という条件のついていることをすべて避けたとしても、人生おしまい、というほどのことではあるまい。

ＴＯＥＩＣよりしゃべるが勝ち

　ＴＯＥＩＣは、どうであろう。企業人は近頃、ＴＯＥＩＣで就職、転職、昇進が左右されるという現実があるようなので、そっぽを向いているわけにもいかない辛さがあるのだろう。だとしたら、仕事上必要なこと、と割り切って、合理的な学習方法で実力をつけながらスコアも獲得していくしかないであろう。

　だが、ビジネスに無関係な場合は、目の色を変えることもないわけだ。単に、外国人と話したい、というだけでＴＯＥＩＣのスコアを云々することはない。それに海外で仕事をする、と言ってもさまざまな状況があるわけで、たとえば現地で売り込みをする、セールスをする、という際に、「とりあえず、ＴＯＥＩＣの点数は？」などと聞かれることはない。そんなことより、しゃべるが勝ち、であろう。

「資格試験」の効果と限界

　結局、大切なのは、目的を定めることである。

　いやおうなく資格試験を受けて合格しなければならないのか、スコアが一定の基準に達する必要があるのか、何か具体的にプラスがあるのかというのは、すべからく、自分は何をしたいのか、によって決まってくる。必要性がまるでなく、たいして得にもならないが、それでも受けてみたい、というのは、単なる好奇心か、実力判定を試みたいかであろうから、余裕をもって楽しみながら受ければよい。試験が楽しいわけないだろう、と言われそうだが、楽しくない試験を学校ではさんざん受けるのだから、好きで受ける試験くらいは、楽しんだらよいのではないか。少なくとも悲壮になることはない。

　人間がもっている能力の、ほんの一端を測るのが資格試験であり、1回の試験で自分のすべてがためされるわけではない。

　英語力を測定する試験、と言ったところで、試験を作るのが人間である以上、英語の総合力を完全に把握するような万能試験は存在しえない。ある程度の尺度になるだけである。

　それでも検定試験は有効な存在となる。多数の中での自分の力を客観的に判断することにより、ひとりよがりにならなくてすむ。弱い部分があれば、その結果を直視して改善への努力ができるし、努力の結果を目で見える形で提示してくれるから、励みにもなれば参

考にもなる便利なものである。ただし、何度も言うようだが、それで人格が否定されるほどのものではない。しょせんは、試験である。

「英語力」と一口に言っても、目的によって必要な英語の種類やレベルが異なることもある。外交やビジネスで交渉できるような英語と、観光旅行で使う英語とは異なって当然だし、日常会話ですむ場合と、読み書きの力が相当問われる留学などの場合とでは必要な英語力は違ってくる。

文部大臣(当時)諮問の「英語指導方法等改善の推進に関する懇談会」は、国民一般が必要とする英語力と、仕事等で英語を必要とする層の英語力を分けて考えることを提言した。ＥＬＥＣ(英語教育協議会)は、2000年、Crossroads Project というプロジェクトで実現可能な英語教育政策を提案した。提言では、「国民一般のレベルでは、最低限、高校卒業時点までに現行の中学３年間で習う範囲の英語(英検３級程度)の定着を目指す」と同時に、「仕事上英語を必要とする人びとには上記の基礎力を踏まえて、より高度な運用力を身につけるような教育を実現する」としており、「高度な英語運用力」とは、たとえば「英検１級、ＴＯＥＩＣ900点、ＴＯＥＦＬ600点以上の英語力」としている。

一般的には中学英語の完全習得を目指す、という基礎力重視であり、仕事上の英語は極めて高度な英語力を目指すことで、メリハリをつけている。その趣旨は明快であるし、説得力のあるものであるが、参考とし

て提示されているスコアが妥当かどうかは、議論が分かれるであろう。「国家公務員Ⅰ種の全員、地方公務員上級の10％程度に入省(入庁)時から10年以内に」「英検１級、ＴＯＥＩＣ900点、ＴＯＥＦＬ600点以上」に達することを「義務づける」というのは、現実的であろうか。

再三指摘しているように、検定試験の結果は一応の尺度ではあるが、客観的に測れる部分と、数値で表しにくい部分とがあるわけで、ＴＯＥＦＬで高得点だったからコミュニケーションは万全か、と言えば、そんなこともない。同じ程度のスコアでも、読めてもスピーチは苦手な人、逆に、会話は流暢なのに書くとボロボロ、という海外帰国生もいる。

英語を「話す」となると、これがまた、単なるスキルを超えて、その人が生来持っている対人能力や言語能力が大きくかかわってくるから、スコアで測りきれない部分が出てきてしまう。

ＴＯＥＩＣではいまひとつのスコアだった人が、全人格をかけて談判したら、つたない英語でありながら、その迫力で相手が納得してしまった、ということだってある。考えながらとつとつと語る人は、スピードが勝負のような試験では本領発揮できないが、実際に相対して話すと、人間味あふれる話し方で相手の心に響く、ということがありうる。それが人間であり、そういった意外性や可能性を秘めているからこそ、人間は面白いのだろう。

そもそも、英語を話すときにもっとも重要なのは、「何を話すのか」ということである。英語を話す主体としての人間が、どのような内実をもっており、どのような内容を伝えようとしたいのかが問われるはずである。

　しかし、英語検定試験は、そこまで測定するようにはできていない。そんなことは測定できないし、それは検定試験の役割ではないからである。「何を話すのか」は「なぜ英語を学ぶのか」に連動する、英語を学習する際の目的となるもので、目的をめざして励んだ結果を測定するのが検定試験である。

　資格試験に振り回されることはない。主体的に有効に活用して、豊かな人生を築くための一助とすればよいのだと思う。

第6章
本物の実力をめざして

文法・読解能力見直しの兆し

　前章で、資格試験は万能ではなく、真の実力を獲得することがより重要であり、その一助として各種英語試験を活用すればよいことを説いた。この章では、本格的な英語コミュニケーション能力を身につけるための方法についていくつかの提案をしておきたい。

　英語コミュニケーション能力の中身については第3章ですでに論じたが、面白いことに、会話能力育成に大きく傾斜している学校英語教育と対照的に、2002年に入ったあたりから、文法や読解に関する書籍の出版が増えてきている印象がある。ＩＴ時代に必要なのは読む力、と宣伝文句にうたっているものもあるし、やり直しの文法、と称して話す際に必要な文法を復習するような本が書店で目をひく。『世界一簡単な英語の本』が2002年年頭の話題書であるが、可愛い猫のキャラクターを使って親しみやすく説明している内容は、英語の文法構文の基本解説が中心である。最近の学校英語では以前ほど重要視されていないことを、自習で埋めるような逆転現象が起きている感がある。

　英語学習にあたっては、検定試験のスコアを上げるための学習ではなく、真の実力を上げようと努力した結果を見るために検定試験を活用するのが王道であろうが、いわゆる「対策本」の中にも、検定試験を使って英語力を高めることを目的に、かなり本格的な学習を指導しているものがある。

ＴＯＥＦＬと文法

たとえば、米国バロン社から出版されている対策本は2001年で第10版を重ねている定評あるものだが、英語力を育成するために、という観点から指導がなされており、文法解説にかなりのページをさいている。著者であるシャープ(Pamela J.Sharpe)は、流暢さ(fluency)を追求した指導法は評価されるべきとしても、その代償として正確さ(accuracy)が犠牲になった点を補完することも重要である、と序文で述べている(Barron's How to Prepare for the TOEFL Test 10th Edition, 2001)。

神田外語学院でＴＯＥＦＬ受験講座を指導している柴田バネッサ清美氏は、ＴＯＥＦＬスコアを上げる早道は文法学習である、と体験的に語っている(日本通訳学会第１回大会、2001年９月23日)。

日本で出版されている本にも同様の趣旨のものがある。一例として『ＴＯＥＦＬテスト公式問題で学ぶ英文法』(大津由紀雄ほか、研究社)では、実際のＴＯＥＦＬ試験に出された問題を使って、英文法を解説している。

この問題集は、単なるスコア・アップのための文法解説書ではなく、「英語の学習に英文法は不要だというのは本当ではない」という信念に立ち、「正しく、基本的で、かつ実際の運用の際にも役立つ英文法」を学ぶためには「ＴＯＥＦＬの文法関連問題は最適」であり「ＴＯＥＦＬで出題される文法事項をしっかり身につけておけば、英語の運用に必要な最低限の英文法の知識

は保証される」ということから、実際の出題を教材に選んでいる。したがって読者対象も、ＴＯＥＦＬ受験希望者だけでなく、「英語のしっかりした基礎力を養いたい方々」をも視野に入れている。

本の中身を見ると、英文の基本構造を主語＋動詞から説明することにはじまり、動詞、代名詞、比較、並列構造、関係詞、否定、同格、語形・品詞、さまざまな構文、同一句内の語順、接続表現、限定表現、前置詞と続き、それぞれの文法知識が実際の問題を解答する上でいかに機能するか、ということを懇切丁寧に説明している。

動詞の説明でも、現在分詞と過去分詞の使い方を誤ると(そして間違える日本人は多い)、「君は何かにいらいらしているね」と言うつもりで、

"You are irritating, aren't you?"

と言ってしまい「君はぼくをいらいらさせるね」という意味になってしまう。正しくは過去分詞にして、

"You are irritated, aren't you?"

とする、など日常会話に引きつけた解説を試みている。

また、付録としてＴＯＥＦＬテストに実際に出題された問題600問を分析し、文法項目にあわせて分類した表がのっている。それによればＴＯＥＦＬの出題傾向として多いのは、文の基本構造(30%)、関係詞(12%)や語形・品詞(32%)、前置詞(12%)などとなっている。

ＴＯＥＩＣと読解力

　ＴＯＥＩＣではどうかと言うと、『ＴＯＥＩＣ公式ガイド＆問題集』という出版物がある。ＴＯＥＩＣテスト作成者である、ＥＴＳの子会社、The Chauncey Group International が出しているものを、日本でＴＯＥＩＣ運営実施にあたる国際ビジネスコミュニケーション協会ＴＯＥＩＣ運営委員会が翻訳・編集したものであり、過去に実施された問題を教材に学習方法のアドバイスまで入れている。

　ＴＯＥＩＣは、留学を目的としたＴＯＥＦＬと違い、ビジネスでの運用を視野に入れた出題が主であるが、たとえば、読解問題に関するアドバイスを読むと、ごく基本的な英語のリーディング方法を紹介している。たとえば、まず「本文の上にある導入のセンテンスを読む」(内容のテーマを知るため、背景知識を活性化するためのトップ・ダウン・リーディング〈トップ・ダウン・リーディングについては後述〉の常道)、「はじめに文章全体を未知の単語にとらわれずにざっと読む」(同じくトップ・ダウン・リーディング)、「要点を知りたいときは、題名と各パラグラフの最初の文を読む」(トピック・センテンスのこと。各パラグラフの最初の文は通常、トピック・センテンスと呼ばれ、ここにパラグラフの要点が提示されている。パラグラフ・リーディングの定石) などである。

「実力強化」とうたった練習でも、「文脈から意味を推測する」という、まさにトップ・ダウン・リーディングの指導がなされている。

リスニングのためのアドバイスも同様である。最初に「強く発音された単語に注意する」とあるのは、「名詞、動詞など重要な情報を含む」content wordsを強めて発音し、機能語 function wordsである「冠詞、代名詞、前置詞、接続詞、助動詞などは文法上必要だが、あまり重要な意味を持たない単語」なので強勢がおかれない、という英語の特徴を説明している。次に「英語の実際の話し言葉に慣れる」として「インフォーマルな英語」と「フォーマルな英語」の違いを解説し、会話問題では「推測」の必要性にも言及している。
「公式ガイド」であるから受験対策、受験テクニックが主体であり、英語教育の視点から指導しているわけでもなく、説明はごく簡単なものであるが、地道な基本をおさえている部分が意外にある。
　つまり、ＴＯＥＦＬ、ＴＯＥＩＣといえども、特殊な勉強が必要なのではなく、むしろオーソドックスな英語学習を地道に続けて実力をつけることが結局は試験「対策」なのである。
　以下、実力をつけるための学習を、基礎力に深くかかわるリーディング、ライティング、そしてコミュニケーション能力の３点に絞って検討する。

速読の勧め
　どの検定試験でも長文読解が出題されており、その部分で案外、日本人がてこずっていると指摘した。これを解決するには、英語の読み方を変えればよい。

これまでの英語学習では、いや、現在でも多くの学習者がしているのは、辞書を片手に知らない単語を見つけるたびに意味を調べ、暗号を解読するかのような読み方であった。これでは、時間内に課題文を読み終えることは難しい。

　文章を読んで理解する作業には、ボトム・アップ式情報処理とトップ・ダウン式情報処理の２種類があると言われる。これは車の両輪のようなもので、どちらも必要な処理方法であるが、従来の英語学習では、ボトム・アップ式読み方に偏重していたきらいがある。単語の意味を調べ、文法・構文を分析しながら仔細に理解していく読み方である。こういう読み方もむろん、大切であるが、読んで理解するのに時間がかかる。当然、ＴＯＥＦＬ、ＴＯＥＩＣには向いていない。

　それでは、どういう方法が向いているかと言うと、トップ・ダウン式読解である。つまり、知らない単語があってもいちいち調べず(検定試験では辞書を引いている時間的余裕などない)、前後の文脈からおよその意味を推察しつつ、どんどん読んでいき、必要な情報だけを取り出したり(これをスキャニング scanning という)、およその大意を把握したり(これをスキミング skimming という)、要旨(main idea)をつかんだりする。要は、アバウトにポイントをおさえながら速読をするわけである。

　速読、と言っても、斜めに読む訓練をする、ということではなく、常識をはたらかせながら、前後の文脈から判断しながら、推察力を駆使しつつ読む、という

ことがひとつ。この中には知らない単語の意味を推測しながら読むことも入る。

　もうひとつは、英語のパラグラフ構成を知り、どこを読めば、全体の大意がまとめてあるか、という知識をもとに肝心な文章を素早く探して読む、ということである。

　英語では、最初に重要な事項を提示する。全体の趣旨は、通常、パラグラフの最初の文にまとめて出し(トピック・センテンス topic sentence)、それについての説明や理由、具体例、論拠などを次に並べ、最後の結論文で、全体を再度まとめる。そのような英語に特徴的な論理構成を知っているだけで、どこを丁寧に、どこを飛ばして読んで構わないかが分かるので、読む速度は格段にあがる。

　これができるようになれば、長文読解セクションのスコアが上がることは確実であるが、じつは、スコアが上がることなどは小さなメリットである。

　もっと大きな利点は、ＩＴ時代に対応できる英語力が身につくことにある。

　デジタルコミュニケーションは、対面コミュニケーションより格段に読み書きの力を要求する。インターネットにしても電子メールにしても、大量の情報が英語で送られてくるのを即座に読んで理解し、必要な情報と不必要なものとに分別することが肝心である。辞書を引きながら熟読するのは後回しにして、まずは読むに値する情報かどうかを素早く判断しなければなら

ない。
　これはすなわち、速読である。
　そうやって、情報を理解し選択した後は、発信であるが、これは「英語を書く」という作業になる。

英語を書くということ
　英語を書くことは、ＩＴ時代にはこれまで以上に求められることである。対面コミュニケーションなら、笑顔でごまかせる文法の誤りも、Ｅメールで送るとなると、まともな英語を書いて送らない限り、コミュニケーションにならないどころか、読んでもらえなかったり、誤解を受けたりするはめになる。
　しかも、スピードが問われる現代に、まず日本語で書いてから英訳し、それをネイティブにチェックしてもらい、などという悠長な時間の贅沢は許されない。即、返事を出さねば相手に忘れ去られてしまう。
　頭の中で考えたことを、そのままキーボードに向け、英語で書いていく、という作業は、会話よりはるかに高度かつ複雑な作業である。従来の日本での、いわゆる「英作文」などというものは、ここではほとんど役に立たない。
　今後必要になる英文ライティングとは、英語的な論理構成で書いていく、パラグラフ・ライティングである。パラグラフの基本構成を知り、トピック・センテンスとは何か、それはパラグラフのどこに置くのが普通なのか、結論文には何を盛り込むのか、などをわき

まえて書くことができれば、TOEFLのライティングなど怖くないし、じつは、これができることが、IT時代の国際コミュニケーション能力の大きな部分を占めるのである。

中田君のライティング学習法

しかしながら、「ライティングなど怖くない」と言うのは簡単であるが、現実問題として、日本人のTOEFL受験者がおそらく最も苦手とするのが英語を書くことであろう。そこで、ライティングに関してかなりのページを費やし、具体的な説明をしておく必要があるのだが、すでに、あるインターネット・サイトで実体験をもとにした詳細な指南がなされている。

サイトを運営している中田達也君は、立教大学文学部英米文学科を2002年3月に卒業したばかりで、在学中は、筆者の担当する「英語同時通訳法」授業を含め、立教大学全学共通カリキュラム英語関連科目を片っ端から受講した学生である。小学校から立教出身で、帰国生でもなければ海外留学の経験もなかった学生であるが、3年時に立教の協定校に留学する前にすでに、TOEFL640点、TOEIC990点、英検1級、国連英検A級を取得したというツワモノである。

1年間の米国大学留学から帰国後は、さらにスコアが高くなり、コンピュータTOEFL280点(ペーパーTOEFL換算650点)を獲得、国連英検特A級や、合格率が約5～6％と言われる難関の通訳案内業国家試験(英語)

にも合格。

ビル・ゲイツが立教大学で講演した際に英語で質問をしたひとりである中田君は、これまでも自分のホームページで、日本で学習しながら英語力を獲得した体験にもとづき、さまざまなアドバイスを学習者に対して公表している。2001年11月からは、All About Japan (http://allabout.co.jp/) というウェブ上のポータル・サイトで、英語学習に関する記事の執筆やコンテンツの編集も担当しており (http://allabout.co.jp/career/toeic/)、知る人ぞ知る存在である。

今回は、彼が運営している個人サイト「英語を学ぶすべての人へ」(http://www.bh.wakwak.com/~howtoeigo/) (http://how.to/eigo/) から、ＴＯＥＦＬライティング・テストについてのアドバイスを転載する承諾を得たので、可能な限りそのまま掲載することにする。試験内容紹介については、第２章で紹介しており重複するため、省略部分もあるが、中田君ならではの解説は、あえて、そのまま転載する。

とくに注目していただきたいのは、中田君が留学前の1999年に満点を得たエッセイである。これは、英語母語話者の書いたものではないから「完璧」ではない部分もあり、後からネイティブ教員が添削したものを見ると何ヵ所か訂正が入っている。しかし、それはほとんどが、コミュニケーションには支障のない瑣末な修正であり、満点の評価を得たのは、英語の基礎が確実であり、英語的な論理で主張を展開した点にあるこ

とがよく分かる例となっている。日本で英語を学んで、このくらいの英文を書くことが可能である、という証左でもある。一般の学習者の参考となるよう、満点エッセイを含む中田君の解説を以下に引用する。

ＴＯＥＦＬライティング満点術

http://www.bh.wakwak.com/~howtoeigo/ (http://how.to/eigo/) より抜粋

1 概要

（ＴＯＥＦＬライティング・セクション・データ集）

試験時間：30分　形式：自由記述式

得点：0.5点刻み　最低点1.0点　最高点6.0点

　2000年10月から、日本のＴＯＥＦＬも紙ベースからコンピュータ版(通称ＣＢＴ)へと移行しました。この移行にともない、今までＴＯＥＦＬ本試験から独立していたＴＷＥ（= Test of Written English）という英作文の試験が、ライティング・セクションとしてＴＯＥＦＬ本試験の一部になりました。

　ライティングやスピーキングなど、英語での表現があまり得意でない日本人にとって、ライティングがＴＯＥＦＬに加わったのは頭の痛い問題です。今までの受験者は、リーディング、リスニングとグラマーさえできれば高得点を取ることができましたが、これからＴＯＥＦＬを受験する人は従来の学習に加え、英語で自分の意見を発信する学習にも力を入れなければならなくなったのです。

2 出題形式

　ＴＯＥＦＬライティング・セクションでは、受験者は指定されたトピックについて30分以内でエッセイを書きます。トピックはひとつだけしか与えられず、自分で選んだり変えたりすることはできません。書いたエッセイがトピックからずれていた場合、そのエッセイは採点されず、得点欄には「ＯＦＦ」と記載されます。

　トピックは、「20世紀に人間のライフ・スタイルは大きく変化したが、その中であなたが最も重要だと思う変化は何か？ 具体的な例を挙げて答えなさい」「他人に協力的になることと競争的になることではどちらがよいと思うか。あなたの意見とその理由を述べなさい」のように自分の意見を求めるもので、意見には必ずそれを立証する具体例や理由が必要になります。トピックは特別な専門知識がなくても書けるような一般的なものです。

　また、従来のＴＷＥでは、どのようなトピックが出題されるかは試験当日まで分からなかったのですが、ＣＢＴのライティング・セクションではあらかじめ"ＴＯＥＦＬ Bulletin"という小冊子にリストアップされている185のトピックの内のひとつが出題されることになりました。ＴＯＥＦＬ Bulletin はＴＯＥＦＬの公式ホームページ (http://www.toefl.org/) からpdf形式でダウンロードすることもできますし、

郵送してもらうこともできます。

　ＣＢＴでは、基本的にすべての問題はコンピュータで受けることになっていますが、ライティング・セクションのみ例外で、コンピュータを使ってタイプしても、紙と鉛筆で書いてもよいことになっています。ただし、エッセイを手書きで提出すると、テスト結果が発送されるまでに多少時間がかかってしまいます。コンピュータでタイプした場合は約２週間で郵送されるのですが、手書きの場合は約５週間かかるのです。

3 評価基準

　ＴＯＥＦＬライティング・セクションにおける英作文の評価基準について、ＴＯＥＦＬを開発したＥＴＳは、「ライティング・セクションでは受験者の英語での作文能力を測定する。これには、アイデアを生み出しそれを整理し(organize)、それらのアイデアを実例と証拠で立証し(support)、指定されたトピックについて標準的な英語で作文をする能力を含む("TOEFL Bulletin"より)」と述べています。

　つまり、文法的に正しい英文を生み出す能力だけでなく、それらの英文を組み合わせて、首尾一貫したひとつのエッセイという作品に仕上げる技術も評価の対象になるのです。

　ＥＴＳの公表している評価基準(本書では54、55ページ)をまとめると、次のようになるでしょう。ライテ

ィング・セクションには採点の基準が3つあり、それらは、

1）内容―エッセイに表現されているアイデア。
2）文法能力―エッセイ中の英文に、構文・スペル・形態素などの文法的なミスがないか。
3）エッセイを仕上げるための技術―自分の意見を理路整然と、一貫した構成のエッセイとして表現できているか。

という3つの基準である、ということです。

1）についてですが、いくら文法的に正しい英文が並んでいたとしても、内容がともなわなければよいエッセイにならないことは明らかです。採点者を思わずうならせるような意見を、具体的な実例と共に論理的に立証することができれば最高です。

2）についてですが、最高点の6.0点でも
"The essay may have occasional errors."
としているように、ネイティブと同等の文法的完璧さまでは求められません。

しかし、文の意味が通じなくなってしまうほどの大きな間違いは採点者を混乱させるので、減点は覚悟しなければいけないでしょう。

3）についてですが、英語で自分の意見を述べることに慣れていない人は注意が必要です。英語では論理が大変重視されるため、意見を述べたら必ずそれをサポートする具体例や理由が必要になります。また、

① 日本語では結論が一番最後に来るが、英語では結論が一番はじめにも来る。
② パラグラフのはじめにはトピック・センテンスが来る（トピック・センテンスとは、そのパラグラフの内容を端的にまとめた文のこと）。
③ 文と文、パラグラフとパラグラフの間には論理的な関係がなければならず、論理の飛躍があってはならない。

などの原則はもちろん守らなくてはいけません。いくら書いたエッセイが文法的に非の打ち所のないものであったとしても、支離滅裂な文章であったり、論理的な一貫性を欠いていたら、評価は低くなってしまうのです。

4 対策

　TOEFLのライティング・セクションで高得点を取るのは困難です。

　上位10％にいてもやっと5.0点しかとれず、最高点を取るには上位1％に入っていなくてはなりません。しかも、これは日本人だけではなく英語が得意なスウェーデン人・ドイツ人などのヨーロッパ系の国民（その中でも留学を目指す精鋭たち）も含むので、日本人で5.5点以上の高得点を取るのはかなり困難である、といえます。

　しかし、幸い私は1999年8月のテストで書いたエッセイが満点の6.0点を取得することができたので、ラ

イティング・セクションで高得点を取るにはどのようなことに気をつけたらいいのか、その秘訣をここにご紹介しようと思います。

TWE満点答案を公開！！

それではここに、私がTWEの本試験で書いた答案を再現してみます。試験中のメモなどは残っていないのですが、記憶をたどってかなり忠実に再現したつもりです。

ちなみに以下のエッセイで二重取り消し線あるいは下線で示されている部分は、ホームページ収録のものを、ネイティブの指摘等にもとづいて修正したものです。

Topic: What do you imagine life in the 21st century will be like? Please state your opinion using specific examples.

When I think of ~~the~~ life in the 21st century, only negative images occur to me. I believe that people's life in the next century will be much worse than what it is now. The way I see it, human beings will have to face a lot of complicated issues that are difficult to deal with in the next century. There are a couple of reasons

I feel this way. Let me tell you each reason one by one.

Firstly, I believe that the population explosion problem will be one of the most difficult challenges human beings ever have. Right now, there are about 5.8 billion people on the earth, about 0.8 billion of whom do not have enough food to eat. That could mean our earth can only support ~~people of~~ about 5 billion people. However, I have read an article that tells me that by the year 2050, the whole world population ~~will be~~ is estimated to reach 10 billion, about twice as many as today. The population explosion will certainly lead to worldwide shortage of food. Even another world war might break out between countries with enough food and ones without it.

Secondly, the environmental issues will also be a very difficult challenge to overcome. When I think of environmental issues, Minamata Disease comes to mind. It was an environmental disaster caused by methyl mercury emitted by a local plant in the 60's in Kumamoto prefecture, in Japan. What surprised me most about the disease was that the effluents emitted by the plant were poisonous enough to kill as many as 200 million people. That could mean that the effluents emitted by just one plant could have killed about twice as many people as Japan's whole population. Technology has made our life much more convenient. However, if we are not careful enough, ~~that~~ it could destroy all ~~the~~ human beings.

Those are why I am pessimistic about people's life in the 21st century. Besides the population explosion problem and the environmental issues, there will be other issues such as the Y2k bug, the nuclear arms ~~racing~~ race, the aging population and the decrease in birthrate in the developed countries, and so on. I do not think people's life will be better than now in the next century. Instead, we will be flooded with lots of difficult problems to deal with.

　どうでしょうか？　やっぱり難しいな、という印象でしょうか？　でも、この程度で満点なの？　と感じてらっしゃる方もいるかもしれません。事実、辞書を引かなくてはわからないような単語はあまりないでしょうし、文法的に難しい構文も何ひとつ使っていません。

　以下に、上の答案でなぜ6.0点を取れたのかを、「内容について」「文法的側面について」「エッセイを仕上げるための技術的側面について」という3つの観点から分析し、それを書くために私がどのような準

備をしたかをご紹介いたします。

(1) 内容について

内容についてですが、「21世紀の人間の生活はどうなると思うか?」という問いに対して、「人口の急激な増加」「環境破壊の進展」「軍事競争の激化」など具体的な実例と共に自分の意見を述べているので、高得点につながったのでしょう。

また、エッセイでは一貫して、「21世紀に人間の生活は悪くなる」という悲観的な姿勢を貫いてみました。もちろん、これは私の本当の意見ではないのですが、構成を考えているうちにそういうスタンスで書くと書きやすいだろう、と判断してそうしました。

確かに、「テクノロジーが今以上に進歩して生活が便利になる」とか「インターネットがさらに発展して世界中がひとつになる」などのよい面ももちろん浮かんだのですが、そういうプラスの側面まで書いていると結局何を言いたいのか分からないエッセイになってしまう、と思ったので一言も触れませんでした。

時間的に余裕があれば21世紀のもたらすよい面と悪い面を比較して、悪い面のほうが深刻だから人々の生活は悪くなる、などと書ければより深みのあるエッセイになったでしょう。ただし、試験時間も30分と限られていますし、先ほどの悲観に徹した一面的な文章で高得点がもらえたので、ＴＯＥＦＬのラ

イティング試験ではそこまで高度なエッセイは要求していないのだと思います。

また、第2・第3パラグラフの実例がかなりくわしく書いてあることが分かると思います。これは、TWEを受験したちょうど1ヵ月前に英検1級の2次試験があり、どんなトピックが出題されても対応できるように、環境問題・教育・高齢化社会などの社会問題について英語で意見を述べられるように練習をしておいたのが大きかったと思います。

英語でさまざまな問題について論じられるようにしておくことは、資格試験に限らず、英語で手紙を書いたり即興スピーチをする時などにも役に立つので、高度な英語コミュニケーション力を習得されたい方におすすめします。

(2) 文法的側面について

エッセイでは、水俣病を説明する上でmethyl mercury(メチル水銀)とか emitted(排出された)、effluents(汚染物質)などの少し難易度が高い単語を使わざるをえませんでしたが、他には特に難しい語彙も構文も見あたらないのではないでしょうか？　自分の言いたい内容が伝われば、別に難しい語彙や構文は不要なのです。

だから、試験本番では自分が意味・用法を正しく理解しており、完全に自分のものとなっている表現のみを使うことにしましょう。用法のよく分からな

い難しい表現を背伸びして使おうとすると、逆に前置詞などを間違えてボロが出てしまいます。最悪の場合、意味が通じない文章になって減点されてしまうかもしれません。

(3) エッセイを仕上げるための技術的側面について

掲載したエッセイは、

1　イントロダクション　自分の意見と全体の流れの予告
2　実例①　自分の意見を立証する実例
3　実例②　自分の意見を立証する実例
4　結論　まとめと自分の意見の繰り返し

という構成になっています。きわめて単純で標準的な構成ですが、これで十分高得点が取れるのです。

でも、最低限のルールはきちんと守っています。「3 評価基準」のところで書いた条件と比べてみてください。きちんと最後だけでなくはじめに結論が来ていますし、各パラグラフにトピック・センテンスはありますし、それぞれの文・パラグラフは論理的な構成でつながっていることが分かるでしょう。

たった30分という限られた時間なので、それ程高度なことは要求されないのです。技術的側面については、きわめて常識的・標準的なことを守ってさえいればよい、ということが言えるでしょう。

エッセイを仕上げるための技術は一度コツが分かってしまえば、結構簡単に自分のものにできると思

います。けれど、日本の高校までの英語教育ではあまり触れられないことなので、まったく教わったことのない人もいるかもしれません。

そういう方は、英文ライティングやパラグラフ・ライティングの入門書を買って、自分でも何枚か書いてお手本と比べてみるとよいでしょう。海外に留学したらレポート提出は日常茶飯事ですし、英検の2次試験などでも自分の意見を論理的に述べられなくてはならないので、マスターしておけば必ずいつかどこかで役立つことでしょう。

5 まとめ

以上がTOEFLのライティング・セクション対策でした。以前のペーパー版TOEFLでは、リーディング、リスニング、グラマーなどの受動的な英語力だけで高得点が取れましたが、コンピュータ版TOEFLで高得点のカギを握るのが、このライティング・セクションです。

Organizationなどの技術的側面は比較的短時間でマスターできるテクニックかもしれませんが、事例をストックしたり、ラジオ講座で実践的な表現を蓄積しておくのは、とても一朝一夕でできるものではありません。ライティング・セクションで高得点を取る上で、最後にものを言うのは普段からの地道な努力なのです。

真のコミュニケーション能力

コミュニケーション能力が何を指すかについて、あらためて考えてみることは、我が国の英語教育が今後進むべき方向を模索する上で極めて重要である。

要は会話でしょ？　それ以上何があるの？　という反応が多いが、この単純明快な割り切り方は、言語とコミュニケーションの一側面しか見ていないことになる。

バイリンガル研究で著名なカミンズ (Cummins) は、言語能力をＢＩＣＳとＣＡＬＰという２種類に分類した。

ＢＩＣＳ＝Basic Interpersonal Communication Skills とは、基本的な対人コミュニケーション能力であり、ＣＡＬＰ＝Cognitive Academic Language Proficiency は、学校での学習などを可能にする知的活動を行うための言語能力を指す。カミンズはカナダへの移民の子供を研究した結果、ＢＩＣＳは子供の場合、比較的短期間に習得するが、ＣＡＬＰには数年かかることを発見し、この２種類の言語能力を明確に区別することを主張した。

「日常会話くらい英語でできるようになりたい」というのは、ＢＩＣＳをめざしていることになり、片や、ＴＯＥＦＬなどは大学での勉強が可能かどうかを判定しようというわけだから、ＣＡＬＰを測定しようとすることになる。この２つを分けることなく、「コミュニケーションに使える英語」＝ＴＯＥＦＬだ、と短絡して

しまってよいのか、という疑問が出てきてしかるべきであろう。

一方、「コミュニケーション能力」(communicative competence)の定義については第3章でごく簡単に紹介した。

用語を提唱したハイムズ(Dell Hymes 1972)は、チョムスキー(Noam Chomsky)の理論では言語が linguistic competence, linguistic performance に2分され、社会文化的な要素が考慮されていないと批判した。そしてチョムスキーによる linguistic competence という概念を念頭に、communicative competence という考えを打ち出した。「コミュニケーション能力とは、ある特定の言語コミュニティでコミュニケーションを図るために知っておくべきこと」とし、「知識と言語使用能力の双方が必要」と定義をしている。

ハイムズが、文法知識だけではコミュニケーションは成立しない、と指摘したのは、学習事項として教えられる表現などが、実際に使用されているかどうか、文脈の中で適切であるかどうかを考慮することの必要性を主張したわけであり、ある表現が形式上、可能かどうか、という文法知識が不要だと言っているわけではない。文法的には正しくても、実際には使用されない、というような表現を言語材料として提供するのではなく、社会言語学的、語用論的な見地からの学習を組み込むことを提唱し、知識と言語使用能力の両方をあわせて communicative competence と称したのであ

本物の実力をめざして

る。

「コミュニケーション能力」自体についての研究は、その後も多くなされている。ウィドウソン (Henry Widdowson 1979) は、「コミュニケーション能力」とは、特定の社会的な場面で使われる言語使用の規則を知ること、とした上で、談話(ディスコース)を研究することの重要性を主張した。

ハリデイ (Michael Halliday) は、知識と実際の運用とを区別することを避け、言語使用における意味の可能性 (meaning potential) に注目した。

異色なところでは、言語学者ではなく社会学者であるハーバーマス (Jürgen Habermas 1970) が社会学的、哲学的、意味論的観点から「コミュニケーション能力」について語り、「理想的な発話の場面を掌握すること」(the mastery of an ideal speech situation) と定義している。第3章で言及したカネールとスウェイン(Canale & Swain, 1980) は、「コミュニケーション能力」を4要素からなる、と分析した。すなわち、文法能力、社会言語学的能力、談話能力、コミュニケーション方略能力の4つである。

「コミュニケーション能力」(communicative competence)という概念にそう形で、コミュニケーション能力を伸張させることを目的にコミュニカティブ・アプローチ (communicative approach、communicative language teaching) と総称される新しい外国語教授法が生まれるにいたった。文法事項に依拠して外国語を教えていく文法

シラバスに代わり、言語運用上の概念や機能を中心とするノーショナル・ファンクショナル・シラバスがウィルキンズ(Wilkins)等により発案された。この場合の「概念」とは、時間や場所、頻度等を指し、「機能」とは要請、断り等のコミュニケーション機能を指す。形式 (form) より内容 (meaning)、正確さ (accuracy) より流暢さ (fluency) へと指導の重点がシフトしたともいえる。

換言すれば、文法の知識は必要最低限の基礎であり、その上に現実の表現や用法を、たとえば談話分析研究、社会言語学、語用論、異文化コミュニケーション研究などから得られた知見をもとに指導していくのがコミュニケーション能力を主眼とした外国語教育である。

日本の新しい学習指導要領では、外国語学習の目的はコミュニケーションにある、と位置づけられており、教科書もそれに従い、実際の使用を念頭においた言語材料を提供している。基本は学校で学ぶことが可能になってきているはずである。

だからと言って、すべてを学校現場に期待するわけにもいかない。週3時間や4時間という限られた授業時間内で、人間のコミュニケーションに関するすべてを、しかも外国語に関して網羅するなど、期待するほうが無理というものである。学校の英語教育は、とりわけ中学・高校段階にあっては、基礎力の育成に全エネルギーを投じることしかできないし、それこそが学校英語教育の使命である。

学校教育でつちかった基礎力を実際のコミュニケーションへつなげていくには、学習者自身が、さまざまな場や媒体を通して、主体的に学んでいくほかない。そして、その成果を実感するのは、あくまで現実の場であり、検定試験にたとえ会話テストが入ったとしても、コミュニケーション能力の全貌を評価するものではない。

　検定試験は、一般的な言語能力を総合的に判断するものであり、常に、他と比較することが宿命づけられているものである。目安、としての機能である。しかしながらコミュニケーションとは、自己と他者との対話であり、個人としての人間がその存在を言語に反映させつつ他者とかかわっていくことである。コミュニケーション能力には検定試験では測りきれない部分、検定試験を超える部分が存在することを、忘れてはならない。

終章
資格主義から実力主義へ

英語だけが言語ではない

　英語が国際語としての地位を保っている限り、その重要性は減ることはないし、21世紀の日本が海外との密接な関係を余儀なくされることがほぼ自明の理となっている現状で、英語の運用能力を習得する必要は認めなければならない。それも、国際コミュニケーションの手段としての英語力が今後は一層求められることも覚悟しなければならない。

　そういう意味で、英語検定試験の意義を考えると、重視して当然と言えるが、検定試験だけでは不十分だとも言える。

　何が不十分かと言えば、これから最も必要になる英語力が、自らの考えを縦横に発信するにたるだけのコミュニケーション能力であることを考えると、その力を測定するような検定試験が存在するのか、という疑問である。スピーキング能力を測定すること自体は試験によれば組み込まれているが、単なる日常レベルの会話力を超えたところでの、自ら考え、主張するという本来的な意味でのコミュニケーションを可能にするような英語力を正確に測ることは至難のわざであろう。

　独自の意見を持ち、つたない英語を最大限駆使して、結果として説得力ある交渉を行える人が、単なる「試験」の結果にその力が反映されなかったからといって、嘆く必要があるのか。

　さらには、世界のさまざまな地域に目を向ければ、

英語だけが外国語ではないことは明白である。欧州ではEUがすべての加盟国（15ヵ国）の言語（11言語）を公用語として認めており、2500名が通訳・翻訳に従事し、通訳・翻訳関係で事務経費予算の4割を占めている。効率という面から考えれば非効率もはなはだしく、英語に一本化する提案も出ているものの（『毎日新聞』2001年8月21日）、単一言語化に対する反発は大きい。

　英語だけを公用語にするなどしたら、ヨーロッパの民主主義は終わりだ、という強い意見は根強い（『朝日新聞』2002年1月4日）。

　一方で、ユネスコ（国連教育科学文化機関）によれば、世界で6000前後ある言語のうち、約半数が消滅の危機にあるという。そして消滅の危機に瀕した言語を再生する努力も世界各地で継続されている。少数言語も尊重し、異文化に敬意を払うような感性をつちかうことなく、英語検定試験だけに注目することで、多文化・多言語時代に対応する真の国際性が生まれるとは思えない。

　これからの日本にとって必要なのは、異なった言語や文化を持つ多様な人々との共生を可能にする異文化コミュニケーション能力であり、かつ国際共通語としての英語であることを考えると、英語検定試験についても、それなりの考え方が出てくるはずである。

英語をモノにする？

　むろん、外国語学習にあたって具体的な目標を設定

すること自体は悪いことではない。試験をめざして勉強するというような道具的かつ外発的動機は、総合的かつ内発的な動機に比べて長続きしない、という研究報告もあるが、それでも励みにはなる。また、留学という具体的な目標がある場合は、ＴＯＥＦＬでせめて550点くらいなければ、留学したところでまともに勉強できるわけがないのだから、当然のこととして、英語力をつけてから受験するわけである。しかし熱中するあまり、試験それ自体が目的化してしまうのでは、あまりにも貧しくないか。数字は単なるひとつの指標であり、それ自体で一個人の資質が測れるものではない。当たり前のことであるが、だったら、そうムキになるほどのことでもない。

英語学習に関する言説にはなぜか、「英語をモノにする」というような猛々しい比喩、あるいは「英語道」だの「英語道場」だのと称する比喩が多いのだが、この傾向は資格試験対策となると一層強まる。

ためしに、いわゆる対策本を見てみると、その比喩表現に圧倒される。「獲得」「挑戦」「４つに戦う」「全体から攻める」などは穏やかな方で、「格闘」「気合を入れる」「初試合」「初戦」「限界に挑戦」「機関銃のように速い」「絶体絶命」「戦力」「攻略」「征服」「必勝」「戦術」「戦略」「楽勝」「戦闘意欲」「体当たり」「一本勝負」「作戦の勝利」「最善の戦い」「武器としての英語」などの勇ましい表現が並ぶ。「鉄人」が「英語試験は格闘技」と喝破し、「気合を入れる」ために「坊主頭」に

なったりもする。「敗戦」という結果もあるが、「リベンジ」し、「勝利の星をつかむ」ためには「相手を知ることが必要」で、何冊もの過去問題集をあたり「練習試合」をする。次回こそは「勝利の光が見えるように」「勝利の女神と仲良くなりたい」と「試合会場」に向かう。それでも「満点を取る」「1番になる」という「目標が達成できない」のは「修行がたりない」からで、「参戦」することを周囲にも知らせて「自分を追い込み」「必死になって」練習を続け、「英語試験に勝つこと」を目標に「リング」で「制覇を目指し」て「戦いを続け」、「最後の試合日」についに目標のTOEIC満点を達成する。その時のスコア・レポートは体験記、いや「格闘記」のページにれいれいしく印刷されてのっている。まるで賞状のようだ。

　しかし、「鉄人」たるもの、そんなことでは満足しない。「今回の相手は弱すぎた」と分析し、「試合には勝ったものの、相手がこれほど弱くては不満足」なので、次なる目標であるTOEFL満点に向けて、新たな闘いが始まる。

　ここまで真剣勝負で挑まれるとTOEFL、TOEICも本望かもしれないが、それにしても、外国語学習というのはこんなに大変な「闘い」なのだろうか。

外国語学習の意義

　外国語習得の方法にも個人差があり、自分がやる気を出せるようなやり方で学習すればよいわけであるか

ら、学習方法は千差万別であろうが、そもそも、外国語とは闘いの相手なのだろうか。力でねじ伏せるような敵なのであろうか。

　言語とは思想と表裏一体をなすものであり、文化の表象である。外国語を学ぶということは、異質なものに心を開いて受け入れることにほかならない。それは自己を失うとか、アイデンティティを捨てるということとは違う。しなやかな学びの先にあるのは、自分とは異なる文化と人間との対話であり、そこから生まれる新たな世界である。

　ひとつの外国語を学ぶことは、未知の世界に一歩近づくことであり、それが達成できた時の喜びは、相手を征服した勝利感ではなく、異質な他者と対峙しつつも、そこに交流が生まれた満足感から生ずる。

　海外に行ってみたいから英語を習得した、必要に迫られて英語を勉強した、将来を考えて英語を学んだ、その努力の成果を目に見える形で確認したい、というのは自然な要求であり、そこにこそ検定試験の役割がある。

　しかし、スコアを上げるために勉強するとなると、それは本末転倒である。人それぞれだから、満点を取れるまで打ち込んだり、資格を集めることが趣味だって、全然構わないわけだが、それが社会的レベルにまでおよぶのはいかがなものか。

　何かの技術を持っているかどうかを判定するのが資格であり資格試験であるとするなら、英語の場合はま

ず、何のための英語か、何のための試験か、を冷静に見極める必要がある。どのような目的のために、いかなる英語が必要なのかを考えた上で、真の実力を獲得することが先決ではないか。

そして、どのような英語が必要かということはほかの誰が決めるのでもなく、自らが自分の人生設計を立てる上で決めるのが基本である。そうでなければ、英語を学ぶ目的などというものは、具体的な形では出てこない。英語が国際語であるという事実に立脚した上で、日本人全体が身につけることが望ましい英語力を目安として出すことが教育政策上はありえても、現実に英語を使う、あるいは使わない、という選択は個々人が行うべきことであり、1億人がすべからくTOEFLで何点以上を取得すべき、などという言語政策はありえないし、あってはならない。それは国家の傲慢であり横暴であり余計なおせっかいと言うべきものである。

我々は、どこの誰に言われたからではなく、何のために英語が自分にとって必要なのかを自らに問うべきである。

自分は何のために英語を学ぶのか

その際、忘れてはならないのは、英語という、ひとつの言語に対するバランス感覚である。

国際コミュニケーションの手段としての英語を強調するのは世界的な流れからして当然であるが、だから

と言って「しょせんはスキルじゃないか」とたかをくくるのは言語に関しての認識不足となり、ゆがんだ言語観にひきずられることになる。

　言語に対して正当な評価を払ってはじめて、外国語を習得することの重みが実感できることになる。

　もはや英語は英米だけのものではなく、ネイティブのようにしゃべらなくてもよいのだ、ということは、文化を完全にそぎとった英語を抽出して学習する、ということではない。

　英語には英語の文化があり、それを無視しての言語習得は非現実的である。単なる道具として切り捨てるのではなく、英語の基盤をなす文化にも敬意を払いつつトータルな言語としての英語を学び、その上で発信する際は、ネイティブ信仰にとらわれることなく、自由闊達に自分の英語で自己表現をする。これが世界語としての英語、"World Englishes"と複数形で表される、国際共通語としての英語という思想だと思う。

　デイビッド・クリスタル（David Crystal）が提案する、World Standard Spoken English（世界標準英語）が地球語としての英語（English as a global language）の基礎となるにしても、現実の場面では、多様な文化背景を有する人びとが自分なりの個性を生かした英語を使うことになり、世界には多彩な色合いの英語が花咲くことになるのであろう。

　そういう視座に立脚すれば、むやみとネイティブ並の英語を目指したり、ＴＯＥＦＬは「高嶺の花」ごと

き思考から脱却することができる。「たかがスキルじゃないか」と言いつつ、内心は英語に対する憧れと焦燥で揺れているような複雑な心理状態では、心を開いて英語を学ぶことなど難しい。

　自分は何のために英語を学ぶのか、を考えることが第一歩であり、その上で、資格に踊らされることなく、本当の意味での実力をつけることが、地球語としての英語をコミュニケーションのために駆使することを可能にするのである。

あとがき

　英語検定試験について、考えるところは多々あったし、不正確かつ見当違いの情報がまかり通っていることを腹立たしく思っていたが、本を書く気はなかった。
　ところがある日、講談社の編集者から長い手紙が来た。英語の資格試験についての本が巷(ちまた)にあふれていて、受験しなければいけないような不安に襲われるが、いったいどの試験を受けたらよいのか、そもそも受けたほうがよいのかどうかも、わからない。調べてみたけれど、そういう根本的な疑問に答えてくれる本はないようだ。書いてもらえないでしょうか、という趣旨だった。
　どうせ受験対策本を書いて欲しい、というのだろう。お断りしよう、というつもりだったが、手紙の熱意におされて、ともかくお会いした。すると、若い編集者は、大きな紙袋いっぱいの何冊もの「資格試験対策本」をかかえて現れた。それを見ながら、私は思わず、普段の持論をまくしたてた。すると、その編集者は、ひどく嬉しそうに、それをそのまま本に書いていただけませんか？　と言うのだ。
　ちょうどその頃、親しい友人たちの集まりで、ＴＯＥＦＬのことが話題になった。日本人のスコアが世界最低なんだって？　と誰もが言うようなせりふが登場

し、思わず私は、TOEFLについての解説を述べたてた。すると、ビジネスマンである友人が、そういうこと、ちゃんとどこかで発表すべきじゃないのかなあ、ふつうの人は知らないもの、と言うのだ。

　これが、この本が誕生したいきさつである。

　英語検定試験についての意見はいろいろあったが、それをこのような形でまとめることができたのは、私の中でくすぶっていた思いに火をつけてくれた講談社の佐藤とし子さんであり、また、資料を用意するなど手数を惜しまず助けてくれた田中浩史さんのおかげである。

　執筆にあたり、マッコーリー大学(オーストラリア)の栄隆士氏からはIELTSに関する資料を送っていただき、教え子の中田達也君には、ウェブ上の体験談や解説の転載を快諾するなどの協力を得た。心からお礼を申し上げたい。さらに、さまざまな形で私の考えを広げ、深めてくれた知人、友人、同僚、学生たち、そして家族からの支援に対しも、深く感謝するものである。

　ささやかなこの書が、日本の英語学習者の一助になり、かつ我が国の英語教育改革にいくばくかの貢献をすることができればと願っている。

2002年3月

鳥飼玖美子

参考文献

○石原真弓『英語で日記を書いてみる』(ベレ出版　2001年)
○大津由紀雄、鳥飼玖美子『小学校でなぜ英語？――学校英語教育を考える』(岩波ブックレット　2002年)
○大津由紀雄、堀切一徳、直井一博『TOEFLテスト公式問題で学ぶ英文法』(研究社出版　2000年)
○大友賢二『項目応答理論入門』(大修館書店　1996年)
○尾山　大『英語資格の取り方・活かし方』(大和出版　1999年)
○小池直己『5時間でTOEICテスト730点』(宝島社新書　2001年)
○大学英語教育学会九州・沖縄支部プロジェクトチーム『このままでよいか大学英語教育――中・韓・日　3か国の大学生の英語学力と英語学習実態』(松柏社　1997年)
○田辺洋二『学校英語』(ちくまライブラリー　1990年)
○田村康二『働くための英語』(泉書房　2001年)
○鳥飼玖美子『異文化をこえる英語』(丸善ライブライリー　1996年)
○西藤浩子『TOEIC直前総合対策』(ジャパンタイムズ　1997年)
○西藤浩子『必修ボキャブラリーTOEFL　TEST』(ジャパンタイムズ　1998年)
○日本通訳協会『通訳技能検定　英語1・2級　問題と解説』(日本通訳協会　2001年)
○橋本光憲編著『キャリアアップのための英語資格取得完全対策』(中央経済社　1997年)
○長谷川剛『TOEIC　Test鉄人伝説：国内の勉強だけで990点を獲得する』(マクミランランゲージ　ハウス　2001年)
○晴山陽一『TOEIC「超」必勝法』(ちくま新書　1999年)
○BS放送通訳グループ『放送通訳の世界』(アルク　1998年)
○マーク・ピーターセン『続・日本人の英語』(岩波新書　1990年)
○日野信行『トーフルで650点』(南雲堂　1987年)
○平泉渉、渡部昇一『英語教育大論争』(文春文庫　1975年)
○船橋洋一『あえて英語公用語論』(文春新書　2000年)
○J.D.ブラウン著、和田稔訳『言語テストの基礎知識』(大修館書店　1999年)
○古家聡、Timothy J. Wright『TOEICテスト解法のコツ35』(旺文社　2000年)
○細谷千博監修、A50日米戦後史編集委員会編『日本とアメリカ――パートナーシップの50年』(ジャパンタイムズ　2001年)
○向山淳子・向山貴彦『世界一簡単な英語の本』(幻冬舎　2001年)
○渡辺敦子、Robert A. Hilke, Paul Wadden『TOEIC　TESTリーディング攻略法』(語研　2000年)
○The Chauncey Group International『TOEIC公式ガイド&問題集』(国際ビジネスコミュニケーション協会　TOEIC運営委員会　2000年)
○『英語の資格・検定がすべてわかる本』(法学書院　1999年)

○『英語の資格をとるマガジンBOOK 2001』(三修社　2001年)
○『ＴＯＥＩＣテスト英単語徹底トレーニング』(Nullarbor Press 2000-2001年)
○『ＴＯＥＩＣテスト860点スーパーマラソン』『ＴＯＥＩＣテスト730点攻略マラソン』『ＴＯＥＩＣテスト600点突破マラソン』『ＴＯＥＩＣテスト470点入門マラソン』『英検マラソン２級コース』『英検マラソン準１級コース』(以上、アルク)
○『使える英語はヒアリングから始まる』『1000時間ヒアリングマラソン』(アルク　2001年)
○船橋洋一・田中慎也「対談：英語第二公用語政策のシナリオ」『英語展望』No.108特集「日本人に必要な英語力」(ＥＬＥＣ英語教育協議会　2001年)
○鳥飼玖美子、木村松雄「対談：コミュニケーションのための英語教育とは」『英語展望』No.108特集「日本人に必要な英語力」(ＥＬＥＣ英語教育協議会　2001年)
○金谷憲「ＥＬＥＣ英語教育政策提言」『英語展望』No.108特集「日本人に必要な英語力」(ＥＬＥＣ英語教育協議会　2001年)
○船橋洋一、本名信行、田中慎也、月尾嘉男、國弘正雄、長島安治、水谷修、小池生夫「特集：言語政策としての"英語"論　日本人のグローバルな受信・発信能力をめぐって」『英語展望』No.107 (ＥＬＥＣ英語教育協議会　2000年)
○鳥飼玖美子「なぜ外国人と話せないのか？　大学での授業より」『初等教育資料』(文部科学省　2001年)
○柴田バネッサ清美「検定試験対策集中講座における通訳訓練応用の効果検証」(日本通訳学会第２回年次大会における発表　2001年)
○『Ｐｅｒｉｐａｔｏｓ ペリパトス』創刊号　特集「アジアの英語教育」(桐原書店　2001年9月)
○大谷泰照「日本人の英語下手」『日本経済新聞』1999年9月12日
○「第二の人生　懸命に模索　資格生かし独立も」『毎日新聞』2001年9月3日
○「ＥＵ言語で火花」『毎日新聞』2001年8月21日
○「若い世代に『自国言語喪失現象』　ラオス文化の復興を　植民地統治の後遺症」『毎日新聞』2001年9月3日
○「多元主義の文化を求めて　欧州知識人に聞く　２　ジョン・トムリンソン　文化帝国主義」『朝日新聞』2001年5月2日
○「英検など認定制度全廃　文科省が正式決定　05年末めどに」「技能検定認定廃止で公益法人『強気』と『不安』、『資格ビジネス』一気に競争激化」『毎日新聞』2001年8月31日
○「簿記・公務員・不動産鑑定士受験講座　私立大、ついに単位認定　生き残りかけ『就職有利』打ち出す」「大学短大進学率　12年ぶりに減少　学校基本調査速報　今春は48.6%」『朝日新聞』2001年8月11日
○「役立つ資格・特技を身につける絶好のチャンス　国が学費の80%を援助します　資格が取れる！　手に職がつく！　"厚生労働省指定"通信講

座36 （株）日本通信教育連盟」『毎日新聞』2001年8月12日広告
○「ニッポンのことば」『朝日新聞』2001年1月10日
○「アメリカ、アメリカ ③英語・各国語 せめぎあう欧州」『朝日新聞』
2002年1月4日

○Harley.B.P.Allen, J.Cummins & M.Swain. (1990) The Development of Second Language Proficiency, Cambridge Univ.Press.
○Crystal.D. (1997) English As a Global Language, Cambridge Univ.Press.
○Hymes Dell. (1972) On Communicative Competence,In J.Pride and J. Holmes, eds Sociolinguistics.Harmondsworth, England:Penguin Books
○Brown.H.Douglas & Susan Gonzo. (1995) Readings on Second Language, Acquisition Prentice Hall Regents.
○Henning Grant. (1997) A Guide to Language Testing—Development, Evaluation, Research, Newbury House.
○J.& M .Swain. (1986) Bilingualism in Education, Longman
○Hodges, J.H. et al. (1990) Harbrace College Handbook, Harcourt Brace Jovanovich.
○O'Sullivan Kerry & Jeremy Lindeck. (2000) Focusing on IELTS:Reading and Writing Skills. National Centre for English Teaching and Research, Macquarie University.
○Yi'an Wu. (2001) English Language Teaching in China:Trends and Challenges.'in TESOL QUARTERLY Volume35, Number 1. Spring2001. Teachers of English to Speakers of Other Languages,Inc.
○TOEFL Test and Score Data Summary 1998-99 Edition.ETS.
○TOEFL Information Bulletin for Computer-Based Testing.2001 2002.ETS.
○TOEFL Test of Written English Guide. Fourth Edition.ETS.1996.
○TOEIC Newsletter 76, Oct.2001.
○Canale,Michael. & Merrill.Swain. (1980) "Theoretical Bases of Communicative Approaches to Second Language Teaching and Testing." Applied Linguistics 1:1-47.
○1982. Communicative Syllabus Design and Methodology.Oxford:Pergamon.
○TOEFL Information Bulletin for Computer-Based Testing, ETS(Educational Testing Service), 2001-2002.
○"The government turns its back on Eiken English test", Cover Story in The ASAHI SHIMBUN, Friday,November 16, 2001.
○Chomsky, N. (1965) Aspects of the theory of syntax. MIT Press.
○Habermas, J. (1970) "Towards a theory of communicative competence". In Dreitzel, H.ed.
○Recent Sociology,No.2.Collier-Macmillan.
○Halliday, M.A.K. (1971) "Language in a social perspective". In Explorations in the functions of language. Edward Arnold.
○Munby, J. (1978) Communicative syllabus design. Cambridge Univ.Press.
○Richards, J.C. & T. Rodgers. (1986) Approaches and methods in language

teaching. Cambridge Univ.Press.
○Sharpe, Pamela J. (2001) Barron's How to Prepare for the TOEFL Test. 10th Edition, Barrons Educational Series.
○Widdowson, H.G. (1978) Teaching Language as communication. Oxford Univ.Press.
○Wilkins, D.A. (1976) Notional Syllabuses. Oxford Univ.Press.

講談社現代新書　1605

TOEFL®テスト・TOEIC®テストと日本人の英語力　資格主義から実力主義へ

2002年4月20日第1刷発行　2004年12月3日第4刷発行

著者────鳥飼玖美子

©Torikai Kumiko 2002

発行者────野間佐和子　　発行所────株式会社講談社

東京都文京区音羽2丁目12-21　郵便番号112-8001

電話(出版部)03-5395-3521

　　　(販売部)03-5395-5817

　　　(業務部)03-5395-3615

カバー・表紙デザイン────中島英樹

印刷所────凸版印刷株式会社

製本所────株式会社大進堂

(定価はカバーに表示してあります)　Printed in Japan

R〈日本複写権センター委託出版物〉
本書の無断複写(コピー)は著作権法上での例外を除き、禁じられています。
複写を希望される場合は、日本複写権センター(03-3401-2382)にご連絡ください。
落丁本・乱丁本は購入書店名を明記のうえ、小社書籍業務部あてにお送りください。
送料小社負担にてお取り替えいたします。
なお、この本についてのお問い合わせは、
現代新書出版部あてにお願いいたします。

N.D.C.830　165p　18cm
ISBN4-06-149605-0

「講談社現代新書」の刊行にあたって

教養は万人が身をもって養い創造すべきものであって、一部の専門家の占有物として、ただ一方的に人々の手もとに配布され伝達されうるものではありません。

しかし、不幸にしてわが国の現状では、教養の重要な養いとなるべき書物は、ほとんど講壇からの天下りや単なる解説に終始し、知識技術を真剣に希求する青少年・学生・一般民衆の根本的な疑問や興味は、けっして十分に答えられ、解きほぐされ、手引きされることがありません。万人の内奥から発した真正の教養への芽ばえが、こうして放置され、むなしく滅びさる運命にゆだねられているのです。

このことは、中・高校だけで教育をおわる人々の成長をはばんでいるだけでなく、大学に進んだり、インテリと目されたりする人々の精神力の健康さえもむしばみ、わが国の文化の実質をまことに脆弱なものにしています。単なる博識以上の根強い思索力・判断力、および確かな技術にささえられた教養を必要とする日本の将来にとって、これは真剣に憂慮されなければならない事態であるといわなければなりません。

わたしたちの「講談社現代新書」は、この事態の克服を意図して計画されたものです。これによってわたしたちは、講壇からの天下りでもなく、単なる解説書でもない、もっぱら万人の魂に生ずる初発的かつ根本的な問題をとらえ、掘り起こし、手引きし、しかも最新の知識への展望を万人に確立させる書物を、新しく世の中に送り出したいと念願しています。

わたしたちは、創業以来民衆を対象とする啓蒙の仕事に専心してきた講談社にとって、これこそもっともふさわしい課題であり、伝統ある出版社としての義務でもあると考えているのです。

一九六四年四月

野間省一